『ジャパンズ・ホロコースト』

日本を貶める
グローバル・ユダヤ団体との歴史戦

解体新書

大高未貴
Miki Otaka

ビジネス社

はじめに

令和6年3月20日、『ジャパンズ・ホロコースト』なる本が出版され、著者のブライアン・マーク・リッグ氏は在米のユダヤ人だ。

アマゾンの書籍紹介文にはこうある。

〔『ジャパンズ・ホロコースト』は、天皇裕仁が自らの軍隊が行った残虐行為を知っていただけでなく、実際にそれを命じたことを示している。天皇は、南京大虐殺や他の多くの事件で示されたように、最も堕落した人間の想像力をも超える残虐行為を行っても、それを止めることは何もしなかった。『ジャパンズ・ホロコースト』は、南京大虐殺がアジアでの戦争中の孤立した出来事ではなく、むしろ1927年から1945年までアジアと太平洋全域で日本が行った全ての作戦を代表するものであったことを、痛ましいほど詳細に記録している。

大量殺人、強姦、経済的搾取がこの時期の日本の手口であり、ヒトラーの親衛隊が残虐行為を隠そうとしたのに対し、裕仁の軍隊は残虐行為を熱狂的に公然と行った。さらに、ドイツが第二次世界大戦後、その犯罪を償い、記録するために多くのことを行ってきたのに対し、日本はその犯罪に対する賠償と、戦時中の過去について国民を教育する努力において、全く恥ずべきことを行ってきた。驚くべきことに、日本は概して、犯罪者と戦時中の過去を美化し続けている〕

そして本の推薦文も以下のようなものが並んでいる。

〔第二次世界大戦のホロコーストに関する議論のほとんどは、ナチス・ドイツが行った残虐行為を中心にしている。大日本帝国によって犯されたホロコーストは、ほとんど研究されておらず、認識すらされていない。歴史家のブライアン・リッグは、彼の徹底的な研究の中で、おそらくこの主題に関する決定的な研究を文書化した。（略）『ジャパンズ・ホロコースト』は、第二次世界大戦を学ぶすべての学生にとって必読の書である〕

（米海軍退役大尉リー・R・マンデル）

『ジャパンズ・ホロコースト』

日本はホロコーストなど行っていないので、研究も認識もされていないのは当たり前の話で、「すべての学生にとって必読の書」とは冗談にもほどがある。

私は2023年にアメリカから『ジャパンズ・ホロコースト』なる本が出ると聞いていたので、〝確かに広島・長崎への原爆投下や東京大空襲のみならず日本各地への無差別爆撃は日本がホロコーストをされたも同然だ〟とかねがね思っていたので、第二次世界大戦における日本の悲劇を奇特なアメリカ人がまとめてくれたのだろうくらいに思っていたのだ。ちなみに『ホロコースト』とは、〝第二次世界大戦中にナチスドイツによって約600万人ものユダヤ人がガス室に送られた〟ということが定説となっているが、ホロコーストの細部にわたる検証は諸説ある。

ただ、そこに踏み込むことが今回の執筆の目的ではないので、ここでは一旦棚上げし、定説を前提に話をすすめる。

何はともあれ〝天皇の命令で日本軍がアジアの人3000万人を虐殺した〟なんてあまりにも荒唐無稽な珍説だ。こんなトンデモ本を相手にする必要もないと思う読者も多いと思う。

最初は私もそうだった。というのも「5カ国の18以上の研究施設で調査を行った」と豪語していたわりには、内容にざっと目を通した限り（**日本軍は小児性愛者でジェフリー・**

エプスタインと同じだ」などと、未成年売春斡旋業者と同格に論じる笑止千万な記述も散見され、吉田清治並みの戦争犯罪妄想小説だと感じたからだ。

また、3000万人虐殺の日本によるアジア人ホロコーストを裏付ける目新しい新発見資料は見当たらず、家永三郎だの明らかに偏向学者とも思える著作の引用を多用していたりして、活動家のいつもの手口だとわかったからだ。

わかりやすい例を挙げれば〝新資料発見！〟などと大風呂敷を広げて記者会見を開き世論形成をかためる手口は、過去に慰安婦問題でもあった。ところが、この本はナメてかかれない。日本にとって実に深刻な問題だと、本を読むにつれて考え方が変わった。何故なら本のプロフィールには出てこない著者ブライアン・マーク・リッグ氏の肩書きや彼の著作に登場する関係者を調べるうちに、第二次大戦から現在に至るまで日本人が知りえない反日プロパガンダ仕掛け人の黒幕たちが沼底から浮かび上がってきたからだ。

まだ日本語訳が出ていないので、概略をざっと知っていただくために目次を紹介させていただきたい。目次だけでうんざりだが……。

第1章　日本の天皇崇拝、不寛容な宗教、裕仁、国家主義的な思想、人種差別の信条

第2章　ナチス・ドイツとの日本の人種対立、国家主義的思想との融合

第19章　万歳、切腹、自決、神風
第20章　国内外での日本の犯罪と日本の残虐行為に対する連合国の反応に関する知識
第21章　自身の犯罪者と死刑囚への日本の敬意
第22章　原爆と日本の大量殺戮の阻止
第23章　陸海空共同作戦：強い海兵隊がヒトラーの民族抹殺と日本の大虐殺を阻止した方法

皮肉なことに天皇陛下を貶める『ジャパンズ・ホロコースト』は、皇紀２６８４年3月20日、奇しくも春季皇霊祭遥拝式という日本にとって重要な日、その前日に出版された。春季皇霊祭遥拝式とは、宮中皇霊殿にて天皇・皇后・皇親の御霊を祀る儀式が執り行われ、全国の神宮では祖先の御霊に感謝すると共に、皇室の弥栄、国の隆昌を祈る祭典が一斉に執り行われる。

そこでこの本の出版のタイミングもあえて春季皇霊祭遥拝式に合わせたと考えられなくもない。何故なら著者のブライアン・マーク・リッグ氏は通り一辺倒の神道も研究しているからだ。著作の中では〝第二次大戦は日本人が天皇を神と崇め皇神道というカルトに熱狂した〟といった趣旨で日本人の宗教観を貶めている。

ここまで、ある意味呪詛的にまで天皇や日本を陰湿に貶める目的は何か？　そこで私は『ジャパンズ・ホロコースト』を歴史解説書ではなく〝ある目的を持って書かれたプロパガンダ本〟として読み解くことによって、その意図を推察しうると思い、様々な角度から考察を重ねた次第だ。

大高未貴

２０２４年６月

『ジャパンズ・ホロコースト』解体新書　目次

第2章　「ホロコースト賠償産業」という存在

第3章　SWCクーパー副所長と抗日連合創設者ディン氏との対話

第4章　南京事件プロパガンダとアメリカ人宣教師

第5章　英国貴族ラッセル卿の正体

第6章　アカデミック権威に浸透する反日プロパガンダ

第7章　今こそ日本は「原爆投下は国際法違反の戦争犯罪だ」と宣言せよ

エピローグ

第1章

天皇がアジアン・ホロコースト?

江藤淳氏の『閉ざされた言語空間』

序文でリッグ氏はこう述べている。

結局、私の広範な調査を通じて、ヒトラーのホロコーストに関するラウル・ヒルバーグとマルティン・ギルバートの有名な著作に匹敵する〝日本のホロコースト〟の包括的な概観を試みようとしている歴史家はまだいないことがわかった。本書はこの崇高な目標を達成しようとしている。

そもそも日本はアジアのホロコーストなど行っていないので、誰もこんなバカげた本を出そうとしなかっただけのことだ。数ある反日プロパガンダ本を検証もなしに切り張りする作業が〝崇高な目標〟などと自画自賛しているのだとしたら実におめでたい人だ。とはいえ、リッグ氏が集積してくれた欧米人による大東亜戦争の記述は、江藤淳氏の指摘が80年前から現在進行形で進められていることを見事なまでに可視化させてくれている。しかも英語発信のみという、多くの日本人があずかり知らぬところで国際社会における大東亜戦争の歴史が書き換えられてゆくことをまざまざと目のあたりにすることとなる。

1945年（略）目に見える戦争は終わったが、目に見えない戦争、日本の思想と文化

の殲滅戦が一方的に開始されようとしていたのである（江藤淳著『閉された言語空間』）。

自刃した江藤淳氏に『閉ざされた言語空間』という著作がある。昭和57年から雑誌『諸君！』で連載したものが単行本化されたものだ。これは、江藤氏がアメリカのウィルソン研究所に特別研究員として招聘されていた折、国立公文書館分室に保存されていた、連合軍の日本占領政策に関する膨大な資料の中から、日本の新聞、放送に対する占領時における言論統制の実態を、初めて発掘・分析したものだ。江藤氏の著作の概略は、おおむね以下のようになる。

――この占領軍の言論統制の狙いは、まず第一に、あの戦争が、日本の自存自衛とアジアの植民地解放ではなく、あの戦争は日本の侵略戦争だったと日本国民に印象づけることだった。それがため「大東亜戦争」という呼称は「太平洋戦争」と変えられ、占領間もなく新聞各紙では「太平洋戦争への道」と題された同一の連載企画が一斉に始まった。勿論、占領軍の資料提供によるものであるから、中身は同じである。また、ラジオでは「眞相箱」という番組で、旧軍部の〈悪〉が徹底的に暴かれてゆく。そうやって日本国民に戦争への贖罪意識を植え付ける一方、事前検閲による報道管制を実施する。禁止事項は30項目にわたるが、重要なのは以下の5項目だ。

1．連合国最高司令官及び、司令部への批判をしてはならない。

2．東京裁判への批判は一切行ってはならない。
3．司令部が憲法を起草したことに言及したり批判してはならない。
4．言論、出版、映画等への検閲が行われていることに、言及したり批判してはならない。
5．アメリカ、ソ連、イギリス、中国等の連合国および朝鮮への批判はしてはならない。

ここで注意しなければならないのは、先にも触れたように、これらが事前検閲によってなされたということだ。日本の軍部も戦争末期に検閲を行ったが、それは事後検閲であり、不適当とされた箇所は墨で塗りつぶされていたため、読む者は〈ははあ……ここにはこんなことが書かれているのではないか〉と推し計ることができた。しかし占領軍が実施した事前検閲では、洗濯機の広告や他のつまらない記事と差し替えられているため、国民は検閲の存在すら知らされずにきたのだ。

それが、自由、平等を謳い、言論の自由を保障した〈戦後民主主義〉の実態だ。しかも驚くべきことに、占領が終了し、日本が独立を果たした後も、江藤氏がこの本を出版するまで長きにわたって、日本の大メディアはそうした事実に一切触れることも、反省することもなく、ひたすら頬被りを決め込んできて現在に至っている。何故なら戦後のメディアは占領軍と共犯関係にあったからだ。

日本語が堪能でない占領軍に高額な給料で雇われ、検閲に協力したのは紛れもなく日本人だった。そして検閲にひっかかる言説を掲げた新聞社は占領軍から「紙とインクを配給しない」と脅され、アメリカが作った言語空間にひれ伏した。

江藤氏は著書の中で、占領軍の言論統制を日本国民の〈精神の武装解除〉〈精神の破壊〉と規定しており、その中核となるのが占領軍が禁じた第17項目にある「神国日本の宣伝　日本国を神聖視し、天皇の神格性を主張する直接間接の宣伝を禁止」だ。

いみじくも『ジャパンズ・ホロコースト』の第1章のタイトルは「日本の天皇崇拝、不寛容な宗教、裕仁、ファシズム的イデオロギー、人種差別的信念」とあり、

1925年から1945年までの裕仁の統治期間中、日本はヒトラーの悪と同じ規模の恐怖を生み出した。（略）1927年から1945年までの日本の遺産は、残虐行為、戦争犯罪、そして「自滅的な不名誉」によって損なわれた。当時の日本は、ロシアがスターリンによって統治されていたのと同じように、裕仁という絶対的支配者によって統治されていた。（略）これを理解するには、裕仁に至る日本の歴史を基本的に理解する必要がある。

スターリンと天皇を同列に並べて論述する時点で日本に対する知識のなさが露呈している。1章の概略は、何故天皇が絶対的支配者になりえたかという結論を導くために、リッグ氏流の日本史の解釈が紹介されている。簡単に要約すると、ペリーの黒船来航まで日本は鎖国をしており孤立主義を貫いていた。やがて、

1840年代と1850年代のアヘン戦争は、その後の中国におけるヨーロッパ列強への広範な特権の付与とともに、日本のエリート層に衝撃を与えた。「中国が屈辱を受けるのを見て、その主要港が西側の野蛮人によって占領され管理されているのを見て、東アジアに大きな影が落ち始めていることが明らかになった。それは日本から逃れることはできない」。日本はハイパーになった。西洋諸国の影響と植民地拡大に対抗するために日本がとった重要な手段の1つは、天皇（天皇）の下で国家を統一することであった。中央集権的な権威のもとで権力を強化することによって、日本は自国を強化し、外部勢力の侵入に対抗することを目指した。

どうもリッグ氏は、すべてわかったような書きっぷりで日本史を総括しているが、半世紀前ならともかく今時こんな日本観はどこでも通用しない。そもそも江戸時代の鎖国には宗教と貿易という区分けがあった。貿易に関しては銀、銅の品質に関する問題が片付き、その後は宗教に対して、すなわちカトリック教の禁止に絞られた。この原因はイエズス会

の目的が日本からの奴隷輸出にあることが判明したからである。

江戸時代にキリストを一般に禁教にしたのは、イエズス会のみならず、キリスト教の一神教の思想が、日本の伝統の神仏混淆思想の多神教と相容れないからであり、これは明治維新で解禁した後もそこはかとない暗黙の了解で現代まで続いている。明治維新に際し、移行期の特例として外国人に限り解禁したが、すぐに日本人にも解禁したのは日本社会の宗教意識の底流にある多神教意識がキリスト教の侵入を跳ね返すことを悟ったからである。

リッグ氏や彼が引用している他の西洋人の著作などは、〝一神教こそ唯一の宗教〟との思い込みに陥っているきらいがあり、日本は西洋諸国の東洋植民地化に対抗するために天皇の権威を強化することで国論をまとめたと言いたいようだ。すなわち天皇一神教を急造し、それを急速に普及せしめたと言っているが、日本における天皇の権威は古代から一貫して存在していることは万葉集などを読むだけで一目瞭然だ。

ところが、それを明治以後の皇道史観を以て天皇一神教とみなすのは、日本史家にも多く見られる迷妄で、戦後のＧＨＱ史観におもねったものだ。

実は『ジャパンズ・ホロコースト』の大半は他の本からの引用のつぎはぎなのだが、中でも最多の引用はハリス＆ハリスのもので１０３カ所にも及ぶ。彼らの正体については謎が多く、詳しくは後述するが、この夫婦は英国在住で、当然ながら阿片戦争の功罪にも詳しいであろう。阿片戦争を語るにあたり、せめて英国という名称くらい出すべきではないかと思う。

前置きが長くなったが、リッグ氏なりの日本史の解説を終え、いよいよ天皇論に入ってゆく。

天皇が神なら何故弱視を治せなかったのか?

ともあれ日本は欧米列強の植民地支配に対抗するため地域ではなく西洋のように国家レベルの忠誠心を作るために、急速に〝天皇の美化と神格化〟を要し、神道と禅仏教の天皇崇拝の信条を確実に定着させたという。

自分たちが神々の直系の子孫であり、その一神に支配されているという日本の哀れな独我論は、現代の権力がこれまでそれほどまでにきっかりと行ったことのない、自分たちにはそうする事は天与の許しを信じているが故に、幾つかの最もグロテスクな残虐行為を喜んで犯す容赦のない庶民を造り出す事を手助けする極端な自惚れを助長した。彼らの妄想は、「他者に対する権力を手に入れて行使する」という目標を正当化した。彼らにとって外国人は皆神の不遇の子であった。

日本にはユダヤ教的な選民思想はない。又、日本軍が〝残虐行為を喜んで犯す〟という描写は同著で手を替え品を替え、たびたび登場する。どうもリッグ氏は日本兵が笑いながら残虐行為を犯す創作話が大好きなようだ。

裕仁のやせ型の体格と学者的な所作は、単に彼に与えられた「戦争指導者」という称号を受け入れるものではなかった。（略）彼はやせていて、体重は70キロ弱で、身長は160センチと低かった。彼の声は甲高く、おとなしくか細く振るまった。彼の歩き方はややぎこちなく、まるで極度の偏平足であるかのようで、かかとから足先ではなく、膝が曲がらないかのように一歩ごとに足全体を地につけて重々しかった。これにより、彼は自分に自信がないような漫画のような外観を与えた。

こうした好戦的ではない独特な癖に加えて、彼はオタクのような特質を与えるシンプルな金属製の丸縁の眼鏡も着用しており、たとえば、多くのドイツの将軍が好戦的な外観を与える鷹の目の片眼鏡鼻眼鏡ではなかった。もし彼が本当に神だったとしたら、なぜ視力が弱かったのかを考えてみるのは興味深いことだ。それにもかかわらず、日本人は裕仁が抱えていたに違いない身体的欠陥を疑問視することを許されなかった。

いくら昭和天皇を貶めたいとはいえ、天皇の身体的特徴をあげつらい〝神だったら何故メガネなんかかけているんだ?〟などと、幼稚園児ですらこんな稚拙な論は立てないであろう。読んでいる方が恥ずかしくなってしまう。

日本の歴史、神話、宗教は顕著な相違を内包し、それが不安定性の原因となる多くの思想的な剽窃に注目する必要がある。たとえば、その信仰の多くは中国とインド、特に仏教、道教、儒教から借用し、皇帝の神聖な起源に関する信念を中国の周王(紀元前1100年から紀元前300年)の政治理論から取り入れた。さらに、日本は「中国由来の文字」または表意文字(漢字)を使用した記述体系を採用し、法理論の多くを中国から引き出しており、その民族的起源は主にモンゴル人、中国人、韓国人だった。(略)国の起源が「純粋」であるという熱狂的で国家主義的な信念を持つ多くの文化と同様に、日本人も自分たちの始まりと運命を誇張した。日本が優れているという理由であらゆる場所のすべての人を支配するという使命が極端になればなるほど、日本の起源、天皇、国民、世界における役割についての主張は異常で、空想的で、神話的で、誤ったものになっていった。

このような背景を持って人は、日本人がどのように、そしてなぜ残虐行為を行ったのかを理解しはじめる。集団思考と規則指向の社会において、ほとんどの日本人が共有していた政治的、宗教的、イデオロギー的信念により、彼らは近代国家がこれまで生み出した中で最も不寛容で男性中心主義で、国家主義的で加虐的な人々にした。この国を完全に打ち負かすには、優れた兵器と科学の進歩とを組み合わせた連合国の総合力が必要だったのも不思議ではない。

とってつけたような引用を並べた揚げ句、〝近代国家の中で日本が最もサディスティックな国〟だったから原爆投下も致し方がなかったとでもいいたいのであろうが、前提からして戦勝国と日本の進歩的文化人によって捏造された歴史であって、何の説得力もない。揚げ句、手のほどこしようのない妄想が続く。

大日本帝国を改革したり、社会を修正したりすることはなかった。それは破壊されなければならず、その皇帝である神の力は打ち砕かれ、彼の神性は誤りであることが暴かれるだろう。帝国日本の最終的な終焉を実現する前に、世界は多くの死と破壊を経験しなければならないだろう。

引用最多の謎の夫婦、ハリス&ハリスの正体は？

スージー・ハリスといってピンとくる日本人は数少ないと思う。彼女は夫のメイリオン・ハリスとともに英国のロンドン在住で、スージーは夫と共著で7冊の本を執筆している。著作の経歴には「20世紀の文化と歴史を専門とする作家、講師、編集者」とある。

ケンブリッジ大学ニューナム・カレッジとオックスフォード大学セント・アンズ・カレッジで古典と古典哲学を学び、その後出版社、コンサート代理店、香港独立汚職防止委員会、英王立技芸協会（RSA）で働き、RSAの報告書「薬物—事実に直面する」（2007年）を執筆。

RSAとはいかなる組織か？　私はサイトを開いて目が点になった。270年の歴史を誇る団体だが、いきなりレインボーカラーで彩られたサイトに〈プライド月間2024　LGBTQ＋コミュニティにおけるフェローたちの素晴らしい活動に光を当てる私たちの活動にご参加ください〉〈私たちは、芸術、製造、商業のための王立協会です。人々、場所、そして地球が調和して繁栄することを可能にする、変革者による世界的なネットワークです〉とある。

〈多様性、公平性、包摂性〉を掲げ〈性別、ジェンダー、性的指向、人種、宗教または信念、障害（略）を理由とする不当な差別または不利な扱いを受け入れません〉とあり、〈我々のチームの70％は女性であり、（略）26％は少数民族出身で（略）8％はLGBTQ＋コミュニティ出身で、従業員の7％が障害者〉と誇らしげにうたう。

ここまで紹介すれば2023年、岸田政権が強引に推し進めたLGBTQ法案可決に異議を唱えていた人にとっては十分であろう。日本は古来からLGBTQに寛容であって、一神教（ユダヤ・キリスト・イスラム教）のように同性愛者を白眼視する文化圏ではないにも関わらず、ラーム・イスラエル・エマニュエル駐日米大使の圧力に屈して岸田政権がごり押ししたものだと言われている。ちなみにエマニュエル大使はアメリカとイスラエルの二重国籍を持つユダヤ人だ。英国王室という冠を掲げたジェンダー革命こそマルクス文化主義が形を変えたもので、RSAはグローバリストの巣窟とみて間違いないだろう。

そして彼女の代表作は芸術と建築の巨匠となったユダヤ人の生涯をテーマにした『ニコラス・ペヴスナーの人生』で本の概略はこうだ。

1902年、ライプツィヒのロシア系ユダヤ人の家庭に生まれたニコラウス・ペヴスナーは、ドイツで学者として有望なキャリアを積んでいたが、1933年、ユダヤ人がドイツの大学で教鞭をとることが許されなくなると、彼は職を失い、イギリスで職を探した。ここで彼は、驚くほど勤勉なキャリアを積み重ね、イギリスの芸術と建築においてゆるぎない権威と地位を築き上げた。（略）スージー・ハリスは、ニコラウス・ペヴスナーが、亡命先のイギリスで敵性外国人として苦悩をかかえながら同化していった真相を探る。

彼女の著作はイギリスの移民博物館の機関誌でも紹介されている。〔ニコラウス・ペヴスナーの伝記を執筆して、私はイギリスがあらゆる種類の移民に門戸を開いたことで何を

得たのかを理解することの重要性を痛感しました〕

移民博物館では、多くの財団などの寄付金によって支えられており、２０２０年以来、ロンドン南部のルイシャムに拠点を構えている。博物館を創設したバーバラ・ロッシュ氏は東ロンドンで育ったユダヤ系英国人だ。**〔私の家族のセファルディ系の一族がホロコースト中に強制収容所で殺害されたという悲劇的な事実を発見した〕〔世界中で移民の現実を自国の歴史の一部として祝う国が増えている一方で、英国ではいまだにそうではない。（略）英国の移民の歴史を我が国の歴史の中心に据えるべきだ、と熱心に信じているのは私だけではないことに気づいた〕**などと述べている。

そして移民博物館は展示のみならず、２０１３年以降６００を超える小学校、中学校、大学などでセミナーを開催し、講師陣にはホロコースト教育の専門家や中国の浙江大学の客員教授なども含まれている。

ＬＧＢＴＱのメッカはイスラエル。そして書き換えられたウィキペディア

さて、移民といえば岸田政権がＬＧＢＴＱの次にエマニュエル駐日大使からごり押しされ、日本でも「２０２４年から5年間で外国人労働者82万人」を掲げている。治安の悪化

を懸念する声など多くの批判が上がっているが国民の声を無視されたまま政策がすすめられている。実に奇妙な一致といえまいか?

実はLGBTQの中東のメッカはイスラエルだ。毎年盛大なゲイパレードやLGBTQに関連するイベントが開催されており、テルアビブ・ゲイプライドには世界各地から25万人以上が訪れると言われている。イスラエルの政治家で元公安大臣、法務大臣を歴任したアミール・オハナ氏もゲイであることをカミングアウトし、LGBTQサポート活動に力を入れている。

もちろん同性愛を禁じる厳格なユダヤ教徒からは批判をされているが、イスラエルは1988年に同性愛を合法とした。その目的は、国際社会からイスラエルによるパレスチナへの人権弾圧が厳しい批判の目にさらされている中、〝性的マイノリティーの人権を保護する人権を大事にする国〟というPRと同時に同性愛は死刑となる周辺のアラブ諸国との差別化があり、毎年政府が多額の活動費をLGBTQ推進団体に支給しているのだ。これはピンクウォッシュ政策と言われている。

LGBTQの権利獲得活動の震源をたどってゆくとフランクフルト学派主導による。フランクフルト学派とは、ドイツのフランクフルト大学にいたユダヤ人の社会学の学者たちで、1923年にマルクス主義者G・ルカーチによって設立されたマルクス研究所から始まる。それがドイツ社会研究所となり、ナチスの台頭とともにアメリカに亡命し、ＮＹのコロンビア大学などに拠点を持ったのだ。

これは文化マルクス主義革命だということがわかる。日本のみならず世界でも批判が高まる極端なＬＧＢＴＱ権利獲得運動はＬＧＢＴＱ革命とも呼ばれ、彼らも革命の主が表面化しないように必死の隠蔽工作も行っている。たとえば２０１４年の段階で「文化的マルクス主義」はウィキペディアにこう記されていた。

文化的マルクス主義とは、カール・マルクスが強調した経済的要因に加えて、文化を抑圧の正当化の中心として考えるマルクス主義の学派、または分派をさす。西洋マルクス主義（アントニオ・グラムシとフランクフルト学派から）の派生。（略）

２０２０年には『文化的マルクス主義陰謀論』とタイトルに「陰謀論」が加えられ、**〔文化的マルクス主義は、西洋文化を破壊するための継続的な学術的及び知的努力の基礎として西洋マルクス主義を主張する極右の反ユダヤ主義陰謀論〕**と変節し、２０２４年には文化的マルクス主義陰謀論とは**〔フランクフルト学派にまつわる陰謀論である。そこでは、西側世界の中のマルクス主義が西洋文化を転覆させようとする学問的・知的な継続的策動の土台となっていると主張される。文化的マルクス主義者を自認する論者はおらず、文化的マルクス主義という学術分野は存在しない〕**と更に書き換えが進んでいる。

文化的マルクス主義はいつの間にか〝陰謀論〟の烙印を押され、陰謀論と一蹴する人も多い。しかし話はそんなに単純なものではない。ＬＧＢＴＱも文化マルクス主義の影響から派生したものであり、それらを安易に推進した西洋諸国の内部崩壊に近い堕落は説明を要するまでもない。そのことは２００２年にアメリカの評論家・歴史家のパトリック・Ｊ・ブキャナンが『病むアメリカ、滅びゆく西洋』を刊行し、西洋諸国の没落の原因の一つにフランクフルト学派の影響を指摘している。

日本とて例外ではない。実際に戦後日本の弱体化を画策したのがＧＨＱというのは誰しも知るところであろうが、その前身だったＯＳＳ（戦略情報局）の日本統治計画こそが要だと私は思う。そのＯＳＳの中心にいたのがフランクフルト学派だ。

ＯＳＳについて研究した田中英道氏は大事な指摘をしている。簡単に要約すると〔一般的にＯＳＳといえばサヨクやマルキストが集まった、漠然とソ連のコミンテルンのような全体主義による統制形態であるかのように捉えがちだ。だが事実は違う。ＯＳＳは主にフランクフルト学派の理論によって支配された組織であり、徐々に対象を切り崩し、骨抜きを図ってゆくソフトな革命論理を志向する集団である〕〔文化に関心をもつマルキストというのではなく、文化そのものがマルキストの闘いだと考えている〕（『戦後日本を狂わせたＯＳＳ「日本計画」二段階革命理論と憲法』田中英道、展転社）

詳しくは後述するが、田中氏はフランクフルト学派は戦後、アカデミズムへの浸透工作を行ったと述べており、そうだとすると『ジャパンズ・ホロコースト』でリッグ氏が謝辞で名をあげた学者や米軍関係者らが何故、一貫して第二次世界大戦における日本をナチスドイツ以上に残虐で悪魔化させるといった印象操作を行っているのか、実につじつまがあう。

こういった流れを俯瞰すればＬＧＢＴＱ、ジェンダー革命、移民推進、ホロコースト教育といったキーワードにつながるスージー・ハリス氏の思想はフランクフルト学派の流れにある文化的左派である事は間違いない。そうであれば彼女が夫のメイリオン・ハリス氏と共著で出した１９８６年に出された『鞘に納まる：日本の非軍事化１９４５〜１９５３』も、最初は何故日本史研究家でもない夫婦が唐突にこんな本を出したのか？　という違和感がぬぐえなかったが、文化的左派の〝ソフトな革命〟、文化的左派革命というくくりでみればわからなくもない。

本の概略はこうだ。**〔日本が戦争と敗戦によってどのように変容したかを検証し、日本人がなぜ、どのようにして戦争に駆り立てられたのか、敗戦と連合軍の占領にどう反応したのか、そして近年、日本がいかに経済的、政治的に力をつけてきたのかを解説する〕**というもの。

不気味なことに夫メイリオン・ハリスの経歴がほとんど見当たらず、キャリアの始まりは〝1979年、日本の安全保障や環境政策に関する記事や著書を専門とするイギリス人作家〟といったものくらいだ。日本の専門家というより、オペラとか建築といった芸術に造詣が深い英国人夫婦が一体何故第二次大戦における日本を執筆したのか？

この本が出された80年代といえば、慰安婦を強制連行したと虚偽を述べて朝日新聞で一躍世間に躍り出た吉田清治氏が『私の戦争犯罪』を書いて韓国に謝罪行脚していた時期で、次にハリス夫妻が91年出版したのが『太陽の戦士：大日本帝国陸軍1868～1945』。91年といえば慰安婦ビッグバンと表現されている年で、朝日新聞が韓国の金学順さんが元慰安婦だったという告発を報道し、慰安婦問題が一気に火を噴いた年と重なる。のちにこの記事は様々な批判にさらされ、記事を書いた植村隆氏は櫻井よしこ氏などを名誉棄損で訴えたが敗訴している。

前述した「鞘におさまる」は〔**大日本帝国陸軍の起源を19世紀の侍のルーツまで遡り、この並外れた軍隊の興亡を物語っています。著者は、日本、イギリス、フランス、アメリカの資料を参考にしながら、戦時中に根強く残る敵意とプロパガンダを掘り下げ、大日本帝国陸軍の真の性格を明らかにしています**〕とある。そして『無垢の最後の日々：アメリカと第一次世界大戦』は1996年に出版されている。80年代～90年代にかけて国内外で展開された日本の歴史贖罪キャンペーンと英国発の日本軍分析本の時期が重なっているのはただの偶然であろうか？

ともあれ、芸術分野を得意とする英国在住の夫婦が書いた日本論が『ジャパンズ・ホロコースト』で引用最多となっていることの怪しさこそ〝ソフトな革命〟の正体なのではなかろうか。ちなみにスージー・ハリスは香港独立汚職防止委員会でも働いていた経歴があり、実にグローバルな人物だ。

クック&クックの正体は在米日本女性

ハリス&ハリスの次に引用が多かったのがこれもまたなぞの夫婦、クック&クックで、『ジャパンズ・ホロコースト』では112件の引用があった。

『Japan at War：戦時中の日本オーラル・ヒストリー』の著者ハルコ・タヤ・クック氏は、フォーダム・メリーマウント大学名誉歴史学教授だ。夫のセオドア・F・クックは、ウィリアム・パターソン大学の歴史学教授兼アジア研究部長で、海軍長官フェロー、ニューポートの米国海軍大学戦略政策客員教授、国際日本文化研究センターおよび国立歴史民族博物館の客員研究員を歴任。夫婦で第二次大戦の日本軍や日本関係者に口述の証言をとってまとめている。

夫婦共著の代表作が93年に出された『日本の戦争：口述歴史』だ。

「日本の戦争」は、１９３０年代の日本による中国侵攻から、東京、広島、長崎への非人道的な空襲の際の日本国内の状況までを広範囲に描き、20世紀最大の戦争が人々の生活にどのような影響を与えたかを垣間見せてくれる。この本は「戦時中の世代の本当の気持ちを探求し、戦争に対する公式見解と生きた証言の間の矛盾を明らかにしている」（読売新聞英語版、日本）

と、読売のコメントも書籍概要で紹介されている。自国の暗部を書いたこの手の本はとかく外国人からも〝日本人が告発しているのだから〟と信用されやすい。もちろん私は日本人が日本の暗部を白日のもとにさらす告発本を書くことを非難しているのではない。事実であれば致し方ないが、史実にそぐわぬプロパガンダや歴史の捏造であっては困るということだ。

歴史家で仏教僧侶のブライアン・ヴィクトリア氏が解説する禅と天皇論

前述したハリス＆ハリスが「日本の人種差別は宗教にしっかり根差しているので非常に

危険でした」と述べており、その根拠としてリッグ氏が僧侶と称するブライアン・ダイゼン・ヴィクトリア氏の著作を1章でかなり引用しているので紹介する。

繰り返しになりますが、強調しなければならないのは、日本人は天皇が人間の姿をした神（現人神）であり、この国の「神道の高僧」であると信じていたということです。

仏教があれば日本のファシスト化は防げたと思われるかもしれないが、そうではなかった。禅宗も神道的な性格を帯び、天皇、国家、軍部への従属を進んで行った。今日、ほとんどの仏教徒は自らを平和主義者であると認識しているが、ファシスト日本のもとでは、その信念は逆転した。禅宗仏教徒にとって、「戦争と殺人は仏教の慈悲の表れであると説明された。歴史家で仏教僧侶のブライアン・ヴィクトリア氏はさらに次のように続けた。「禅の『無私』とは、皇帝の意志と命令に対する絶対的かつ疑いの余地のない服従を意味した。そして宗教の目的は、国家を維持し、自己拡大の権利を敢えて妨害する国や人物を罰することであった」

日本社会は、実際に文化的慣習の多くを生み出したアジア文明を憎むよう国民に教え、根深い自己嫌悪を生み出し、統合失調症を示していた。（略）国の起源が「純粋」であるという熱狂的でファシスティックな信念を持つ多くの文化と同様に、日本人も自分たちの始まりと運命を誇張しました。日本が優れているという理由であらゆる場所のすべての人を支配するという使命が極端になればなるほど、日本の起源、天皇、国民、世界における役割についての主張は異常で、空想的で、神話的で、誤ったものになっていった。

ヴィクトリア氏の論述について、天皇家の歴史と吉薗周蔵手記の紐解きをされた落合莞爾氏に論評を求めたところ、

この人は日本の宗教についてまったく理解できておりません。古来日本の宗教は神道でしたが、のちに仏教が伝来し、神仏混合となりました。日本人の神道概念とは先祖崇拝と自然尊重であり、前者はDNA崇拝、つまり時間の縦軸、後者は自分をとりまく森羅万象といった横軸であり、そこから調和の概念も生まれています。ヴィクトリア氏は徴兵逃れで日本に来た宣教師ですから、こういった概念を理解するのは難しいでしょう。一神教の人が日本人の宗教観を理解するには一度頭の中から一神教の概念を捨てねばならず、いくらヴィクトリア氏が禅や皇統神道を、にわか知識で語ったところで何の意味もない。

とにべもない。

私は生まれてこのかたアジア文明を憎むように教えられたことはない。日本人を統合失調症と断じるブライアン・ダイゼン・ヴィクトリア氏とは何者なのか？

１９３９年生まれのブライアン・アンドレー・ヴィクトリア（Brian Andre Victoria、は曹洞宗の僧侶でアンティオーク大学教授。主な著書に『禅と戦争　禅仏教は戦争に協力したか』などがある。

この『禅と戦争』が出版されたのが２００６年。戦後50年近くたってからのことだ。禅や仏教を外国人が論じるのが悪いと言っているのではなく、正確な分析に基づかず、宗教とテロや戦争、ナショナリズムを強引に結び付け、日本人の宗教観を歪めたかたちで海外に流布させていることに憤りを感じざるをえない。

ちなみにヴィクトリア氏はオックスフォード大学付属仏教研究所研究員だ。欧米の一流大学の研究機関に携わる仏教研究者の対日宗教分析がこのような恣意的なものだということを『ジャパンズ・ホロコースト』は教えてくれた。

『憲法9条を守れ！』がヴィクトリア氏の落としどころ

禅仏教の矛盾した、しばしば軍国主義的な役割について説得力のあるこの本は、第二次世界大戦中、平和的なはずの宗教が日本の軍国主義と密接に、そしてこれまで知られていなかった形で支援していたことを詳細に記録している。ブライアン・ヴィクトリアは、主要な禅師や学者の著作や演説を参考にして、禅が帝国日本軍が示した狂信的で自殺願望の精神の強力な基盤となっていたことを示している。（略）西洋における仏教への関心が高まる中、この本は時宜にかなっていると同時に、間違いなく物議を醸すものとなるだろう。

ヴィクトリア氏は日本のサヨクとも親交が深い。雑誌でいえば『世界』や『週刊金曜日』などでよくみかける有識者の多くが寄稿している英語版のアジア・パシフィック・ジャーナルにヴィクトリア氏の記事がいくつもあった。例えば1940年にヒトラーの代表団ヒトラーユーゲントら6人が来日し、永平寺を訪ねたことに触れ、ナチと結びつく禅の危険性などを示唆するものや、「日本の仏教墓地における戦争の記憶第2部：戦争犯罪者を殉教者に変える：高野山の『真実の言葉』」と題された記事は、以下の通りだ。

日本の保守派首相、安倍晋三氏は今年初め、戦争犯罪で有罪判決を受けて亡くなった1000人以上の日本人を追悼する式典に支援のメッセージを送ったと、政府報道官が水曜日に明らかにした。（略）式典の主催者は、（東京）裁判は勝者の裁きに過ぎず、有罪判決は不当であるという、日本の右派の多くが抱いている見解を共有している。（略）衆議院が最近、日本の「集団的自衛権」への参加を認める一連の法案を可決したことで、安倍首相と彼の保守派支持者が、日本のいわゆる「平和憲法」の第9条を無視して、日本を再び

海外で戦争を行うことができる国に変えようとしていることは驚くには当たらない。

この論文には何故か巻頭で、慰安婦報道に関して名が知れわたった朝日新聞の植村隆記者が満面の笑みで掲載されている。この一文だけで、ヴィクトリア氏の思想背景の説明は十分だろう。結局、ヴィクトリア氏の落としどころは「憲法9条を守れ」なのだ。

禅とは奥が深く、そう簡単に論じられるものではなかろう。よほどの奥義を知りえた人物が丁寧に言葉を選びながらの論述ならまだしも、禅と軍国主義とナチスを結び付け、揚げ句の果てに「日本は平和憲法9条を守れ」と結論付けているのだから底が知れる。

私は第1章を読んだ段階で、少し安堵感に包まれた。もちろん事実無根の不快な記述は多々あるものの、本の概略にあった〔『**ジャパンズ・ホロコースト』は、1927年から1945年にかけての日本帝国の軍備拡張とアジア太平洋全域での無謀な作戦中に行われた残虐行為を調査するため、5カ国18以上の研究施設で行われた調査をまとめたものです**〕ということで、これまで日本擁護の立場からも、日本批判の立場からも、左右ともに詳細に検証が加えられてきた史実に対して、今なお新たに加えられる史実があるのか、過去の検証を覆す重要な資料が発見されたのかと、本を手にするまで緊張する思いでもあった。実際にはこの程度の僧侶の仮面を被った活動家らしき人物がとうとう天皇や日本人の宗教観を解き、それらを引用するリッグ氏の浅薄さに少しの安堵感を抱いたものだ。

最後に昭和20年、終戦時の昭和天皇の御製を紹介する。

身はいかに　なるともいくさ　とどめけり

　ただたふれゆく　民をおもひて

訳：私の身は今後どうなることか全くわからない。しかし、打ち続く戦争によって倒れゆく国民を思えば、もうこれ以上戦争を続けることはできない。この身がどうなろうと私は戦争を終わらせた。

この御製の前に『ジャパンズ・ホロコースト』の虚構はもろくも崩れ去ってゆく。大東亜戦争もたけなわの昭和20年（１９４５）の元旦に、Ｂ29爆撃機の襲来を知らせる空襲警報が鳴り響く中、昭和天皇は四方拝を執り行われたという。

四方拝とは宮中三殿で行われる年始の祭典で日の出前の明け方、暖もとらず伊勢の皇太神宮、豊受大神宮に向かって拝礼した後、天地四方の諸神や山陵に拝し、世界の平和と五穀豊穰を祈る祭祀だ。天皇がアジアのホロコーストを命令したなどという珍説はあまりにも罪深いものとしか言いようがない。

第2章 「ホロコースト賠償産業」という存在

何故アメリカで対日企業総額120兆円規模の訴訟を画策されたのか

『ジャパンズ・ホロコースト』が出版された背景を探るにあたり、何故第2章で戦後賠償問題を論じるのか？　それは日本人に不必要な歴史贖罪意識を背負わせ続けることは未来永劫日本を属国にしておきたい勢力にとって〝金銭〟という実利をともなう有益な心理戦だからだ。

そのカラクリを見抜かないと、今後も我々があずかり知らぬところで歴史教科書に工作（慰安婦の記述も削除されて、いつのまにかゾンビのごとく復活）がされたり、日本国や企業に対して訴訟が起こされる可能性は否めない。現に『ジャパンズ・ホロコースト』が出されたı か月後〔戦争中に旧日本軍から慰安婦として性的な暴力を受けたとして、中国人の女性の遺族らが、日本政府に謝罪と損害賠償を求める訴状を中国の裁判所に提出（NHK2024年4月23日）〕という報道がある。

慰安婦問題、徴用工問題、国家間の条約で既に解決済みの問題が一体何故戦後80年近くたっているのに蒸し返されるのか？　何故クリントン政権時代に突如としてアメリカで対日企業総額120兆円規模の訴訟が画策されたのか？　その震源を探ってゆくと、詳しくは第3章で述べるが、不思議と『ジャパンズ・ホロコースト』の概念を温存し、更にプロパガンダを強化している勢力につながる。そこで、彼らが仕掛けた〝黒い霧〟の正体を見抜いて露払いを試みたい。

かつて三島由紀夫氏が予見した〔**このまま行ったら日本はなくなって、その代わりに、無機的な、からっぽな、ニュートラルな、中間色の、富裕な、抜け目がない、或る経済大国が極東の一角に残るのであろう**〕といった灰色の日本を次世代に遺さないために。

高山正之氏による興味深い指摘

朝鮮人戦時労働者や慰安婦問題でもサヨク活動家は口を開けば「日本もドイツに見習って財団を作り、韓国人に謝罪し補償すべきだ」と念仏のように唱え続けてきた。ちなみに戦争賠償と戦後補償の違いは前者を国家間での処理、後者を被害者個人に対してなされる金銭などによるつぐないとして使いわける。

第二次世界大戦において日本はナチス・ドイツと同盟関係にあったとはいえ、ユダヤ人を敵性民族として公民権をはく奪し、法律的に社会から排除したドイツのケースとは日本は根本からして異なる。

例えば当時の朝鮮人は、法律的に明確な日本国民であり、ドイツにおけるユダヤ人の扱いとはまったく異なっている。故に同じ土俵にのせて「財団を作れ」といった議論そのものが成り立たなかった。

戦後処理に関しても東西分裂したドイツとは違い日本は、サンフランシスコ平和条約等で国家間における賠償等の問題を一括処理している。にもかかわらず、朝鮮人戦時労働者韓国最高裁判決において、およそ国際社会に通用しないウルトラC判決が下された。韓国最高裁が〝日本統治不法論〟という奇怪な観念を持ち出し、戦時労働者問題を人権問題に化けさせてしまったのだ。

日本統治不法論については80年代から東大名誉教授の和田春樹氏や作家の大江健三郎氏などが主張しているが、ここでは同様の主張をしているアメリカの反日活動家に焦点をあててみたい。以前、ジャーナリストの高山正之氏と雑誌『ＷｉＬＬ』で対談をした際、高山氏が興味深い指摘をした。

簡単に要約すると、アメリカのロサンゼルスを拠点にして活動している左派系ユダヤ人のバリー・フィッシャー弁護士は〝ドイツのユダヤ人への償い財団設立の立役者〟であるが、その彼は米国でも１９９９年に同様の補償請求運動を起こし、なんと戦時中に捕虜だった米兵などから日本企業相手に訴訟が起こされた。その規模は１兆ドル（約１２０兆円）

にも及ぶものだった。幸いなことにこういった訴訟を後押しするヘイディン法[注1]は連邦地裁・高裁で却下され事なきを得たが、賠償ビジネスに飽き足らないフィッシャー氏は2000年に平壌まで飛び、金正日に日本から戦後賠償を取り立てる方法を入れ知恵した。そのためにもやましいこと（拉致問題）を解決しておけと助言され、2002年の小泉訪朝の際に北が拉致を認めたというのだ。

更に高山氏は大事な指摘をしている。〔一連の訴訟に関し、米連邦裁判所は、すでにサンフランシスコ講和条約で解決済みだとして却下した。実をいうと米政府はこの問題にあまり触れられたくない事情があったのです。というのも、ジュネーブ協定で使役を認められた兵士も含めて「すべての捕虜が虐待された」（講和条約十六条）ことにして、中立国にあった日本の資産を接収していたので、これは明確な国際法違反でした。故にそれが掘り返されるとまずい、という判断があった〕

日本に賠償を求めるバリー・フィッシャー弁護士

そこでバリー・フィッシャーを調べてみると更に興味深いことが判明した。在米ジャーナリストの高濱賛《たかはまたとう》氏の記事を紹介する。

二月九、十両日、上海の華東政法大学と抗日連合会との共催で「第二次大戦の補償問題に関する国際法律会議」が開かれ、アメリカからは同会の中国系幹部らのほか、日本企業を相手取った集団訴訟原告団のバリー・フィッシャー弁護士らも参加する。

一行は「侵華日軍南京大屠殺遇難同胞紀念館」を訪れるほか、七三一部隊による人体実験や生物細菌化学兵器実験の実態についても現地調査したいとしている。

反日気運をここまで高めた『レイプ・オブ・南京』の著者、アイリス・チャン氏も活動範囲を広げている。すでに東部を中心とする米論壇でも認められ、南京大虐殺問題だけにとどまらず、日米関係でも何か起こると米メディアに登場している。

沖縄のレイプ事件で米兵が沖縄県警に逮捕された二〇〇一年七月には、「ロサンゼルス・タイムズ」(二〇〇一年七月三十一日付)に前述のフィッシャー弁護士との連名で論文を寄稿した。

(略)

さらに昨年末、上下両院で可決成立していた二〇〇二年会計年度歳出法案付帯条項がホワイトハウスの反対で削除されたのを知るや、「ニューヨーク・タイムズ」(二〇〇一年十二月二十四日付)に投稿、「パール・ハーバーで戦死した米兵のことは忘れぬと言いながら、戦時中日本企業に強制的労働をさせられた元米兵捕虜の損害賠償をブロックするブッ

シュ大統領のダブルスタンダードは許し難い」と批判したりしている。(高濱賛「SAPIO」二〇〇二年二月二十七日号)

クリントン政権下で朝日新聞が嬉々として表記した「第2次世界大戦奴隷・強制労働賠償法」(ヘイディン法)はブッシュ政権時に却下され、よほどフィッシャー氏は悔しかったのであろうが、まるで子供が駄々をこねるような言い分を新聞に寄稿するとは驚きだ。

実はフィッシャー氏は他の日本のカルト教団のHPにも名前が紹介されていたり、以前はオウム真理教まで擁護し、オウムの発行した機関誌に救世主のごとく紹介されていたことがある。又、アメリカの〝リベラルな宗教コミュニティ〟のサイトにはフィッシャー氏の講演の告知があり、こんな紹介文があった。

バリー・A・フィッシャーは、フライシュマン&フィッシャーのパートナーです。この法律事務所は国際問題に力を入れており、商業から憲法、民事から刑事まで、幅広い範囲の大規模な裁判および控訴訴訟を扱っています。(略)フィッシャー氏は、ドイツとオーストリアのホロコースト和解における多国籍交渉チームおよび弁護士を務めたほか、スイス銀行ホロコースト事件の裁判所任命の集団訴訟代理人も務めました。フィッシャー氏は、ドイツおよびオーストリアとの条約の署名者でもあります。戦時中の日本の性奴隷制度および奴隷労働制度の被害者である中国人、韓国人、その他のアジア人の代理人を務め

ています。また、クルド人、ロマ人（いわゆるジプシー）、アルメニア人、および多くの宗教を含む、さまざまな民族、人種、宗教的少数派の代理人を務めてきました。

クルドといえば、近年、埼玉県川口市で暴れまわるクルド問題が注目を浴びているが、フィッシャー氏がめざとく、日本のクルド問題にも再び首を突っ込んでこないことを心より願うばかりだ。

とはいえ最近のフィッシャー氏の経歴を検索すると、警告ランプが点灯するサイトがあったり、弁護士登録料支払いを怠り数週間〜数カ月資格停止を受けたり、仕事内容に問題があったことも指摘され、評判は芳しくない。

このような弁護士が戦後賠償をテーマに90年代から世界を股にかけて暗躍し、その延長線上で日本に対しても歴史戦や日本企業に１２０兆円規模の対日戦後補償を仕掛けてきたのだ。

もちろんこれだけ大規模な謀略はフィッシャー氏個人でなしえるものではなく、詳しくは後述するがこういった活動によって利益を享受する団体の動きも知っておかねばならない。この先、読み進めていただければ、97年にアメリカで出版された『レイプ・オブ・南京』（アイリス・チャン）は、その内容の不確かさに非難囂囂だったにも関わらず、ニューヨーク・タイムズ、ワシントン・ポストといったアメリカの主要メディアがさんざん持ち上げていたことも今となっては出来レースだったことがよくわかると思う。

ちなみにフィッシャー氏は、２０２３年４月に『Through My Father's Eyes』という自身の両親がホロコーストの生存者だったという自叙伝を出版し、「離婚問題弁護士」として名をあげている。

天文学的数字のホロコースト賠償産業

『ジャパンズ・ホロコースト』の著者ブライアン・マーク・リッグ氏は本のプロフィールには出てこないが、ダラスのホロコースト人権博物館の理事であり、リッグ氏が謝辞で名をあげている関係者の大半はユダヤ人ばかりなので、ここでホロコーストについて、日本とは無関係でない戦後賠償問題という観点から論じてみたい。

ホロコースト賠償問題の闇は相当深く、戦後から現在進行形で莫大なお金が動いている。例えばドイツが第二次大戦後、１９５６年から２００９年までの間にナチに迫害されたと主張するユダヤ人に支払った戦後賠償は６７１億１８００万ユーロ（約11兆円）に達する。

そもそも第二次世界大戦中に存在しなかったイスラエルに賠償金が支払われることに関

しては多くの疑義も呈されていたが、上記の金額の中には対イスラエルへの支払いも含まれている。

これとは別に第一次世界大戦後、ヴェルサイユ条約で規定されたドイツの賠償金の総額は約１３２０億マルク（約２００兆円）にものぼっていた。国内経済が疲弊している上に巨額の戦後賠償金を科せられ、あまりにも不条理な現状に苦悩していたドイツ国民の不満を背景に、ヒトラーの台頭があったのは周知の事実だ。この賠償金が完済したのは２０１０年で、なんと第一次大戦終結から92年後になる。

実はナチスドイツに迫害されたと称するユダヤ人の団体が賠償請求を行ったのはドイツのみならずスイスや旧東欧などにも及んでいた。これらの主だった訴訟は主として90年代のクリントン政権時代と重なり、日本でも朝日新聞が大キャンペーンを張って慰安婦報道を盛り上げたのが90年代前半だった。朝日新聞とアイリス・チャンを持ち上げたニューヨーク・タイムズは提携を結んでいる。〝戦後賠償〟というくくりで慰安婦や南京を俯瞰すれば、これらの問題は日本とドイツからセットで戦略的に戦後賠償金をせしめようとする動きだったことがわかる。ちなみにクリントンと言えば、モニカ・ルインスキースキャンダルで「不適切な関係」が流行語になった。ルインスキーは東欧ユダヤ人だ。

ホロコースト戦後賠償についてはシカゴのデポール大学で准教授を務めていたノーマ

ン・フルケインスタイン氏の『ホロコースト産業』に詳しく解説されている。彼の父親はアウシュヴィッツ＝ビルケナウ強制収容所収監、母親はマイダネク強制収容所収監のユダヤ人生存者であり、ナチスから迫害を受けた被害者の家系だ。

ユダヤ人でナチの被害者でもあるフルケンシュタイン氏の告発なだけに、この本はアメリカやドイツで大きな反響を呼び、同胞のホロコースト利権関係者からそうとうなバッシングを受けてきた。例えばユダヤ人団体名誉毀損防止同盟（ＡＤＬ）等は、フルケンシュタイン氏を〝ホロコースト否定論者・歴史修正主義者や反ユダヤ主義者を利する行動をとっている〟などと批判している。フルケンシュタイン氏が大学の准教授の座を追われたのも、『イスラエル擁護論批判』では、著名な弁護士として知られるアラン・ダーショウィッツ（ハーバード大学法学教授）の暗躍があったといわれている。

フルケンシュタイン氏は著書『ホロコースト産業』の中で、**〔ユダヤ人団体がホロコースト生還者の定義を拡大させ、それを理由に彼らがゆすりたかりに近いやり方で過大な賠償請求を行っている〕**ことを指摘、その利権の構造を躊躇なく暴いている。

更にユダヤ人団体が受け取った賠償金をホロコースト生還者へ適切に分配せずに自らの事業に流用するなどして私物化しているといった内情も暴露している。

同様の問題は慰安婦で莫大な寄付金をあつめた正義連（元挺対協）代表で韓国最大与党

だった「共に民主党」尹美香議員の私的流用と似たようなケースだ。ちなみに彼女は2023年9月、正義連の不正会計疑惑で、ソウル高裁から懲役1年6月、執行猶予3年の判決を言い渡されている。

ともあれ意訳になるが、『ホロコースト産業』の要点を紹介したい。

（ナチスドイツの迫害から生き延びた）両親はよく（ホロコースト利権団体などが）ナチの大量虐殺をでっち上げたり利用したりすることに対し、なぜ私がこれほど憤るのかわからないと言っていた。何故なら〝ホロコースト〟というイデオロギーがイスラエルの犯罪的な政策とその政策へのアメリカの支持を正当化するために使われているからだということだ。（略）ホロコースト産業の昨今のキャンペーンは、〝困窮するホロコースト犠牲者〟の名の下にヨーロッパから金をむしり取るためのものであり、彼らの道徳レベルはモンテカルノのカジノの水準にまで低下してしまっている。

などと特定のユダヤ系団体がホロコーストをイデオロギーの武器として利用していることを強く批判しているのだ。

冒頭だけ読めば、フルケンシュタイン氏が相当な変わり者で、偏見の持主ではないかとも思えるような批判だが、「ニュルンベルグ裁判（第5章で詳しく解説する）」の実態を知れば、フルケンシュタイン氏の指摘も傾聴に値するものだということがわかる。

90年代、スイスも顔面蒼白に

日本ではほとんど知られていないと思うが、90年代スイスは第二次大戦以降、最大の外交危機を迎えていた。第二次世界大戦中、ホロコースト犠牲者がスイスの銀行に保有していた資産が損失した問題で、在米ユダヤ人団体がスイスへの賠償請求を起こしたことに端を発している。バリー・フィッシャー弁護士が関わっていたことは前述した通りだ。双方は激しい交渉を経て、最終的に98年8月12日、スイスとユダヤ人側の間で和解が成立したと発表。スイスの大手銀行がホロコーストの生存者に対し、総額12億5000万ドル（約2000億円）の賠償金を支払うことで合意したというものだった。

スイスが不本意ながら合意に至った要因は**〔抵抗する国の政府を屈服させるため、ホロコースト産業はアメリカによる経済制裁という棍棒を振るった〕**と指摘している。

ともあれ、この合意の報告を受けてイスラエルのネタニヤフ首相は**〔この物語は物質的な面での業績というだけでなく、道徳的勝利、魂の勝利である〕**と述べている。

紙面の都合ですべて紹介できないがスイス訴訟の内幕は通常の神経を持っている人なら訴訟団のあまりにも強欲な交渉手段に辟易するはずだ。そんな訴訟に対して〝魂の勝利〟

などと、かりにも一国の首相が述べたのだとしたら返す言葉もない。

そんなスイス訴訟の顚末をフルケンシュタイン氏はこう総括している。

過去の罪を償う唯一の方法は物質的な補償を与えることだ。アメリカの政治家はそれをスイスに教えた。クリントン政権の商務省次官（当時）で資産補償問題特使のスチュワート・アイゼンスタットは、スイスによるユダヤ人への補償を、過去と直面し、過去の過ちを修正するというこの世代の意志を試す重要なリトマス試験紙だとした。（略）どれも高貴な発言だ。しかし、奴隷制度についてアフリカ系アメリカ人への補償ということになると、そんな声はどこからも聞かれない。あからさまに嘲笑されるだけである。

貧しかった東欧にまで多額の要求

驚いたことにスイスとドイツに対するゆすりは序曲に過ぎず、最大のゆすりたかりの山場は東欧に対するものだったという。〔ソビエト連邦の崩壊により、かつてヨーロッパ・ユダヤの中心地域であったところに魅惑的な展望が開けてきた。困窮するホロコースト犠牲者という殊勝なマントに身を包みホロコースト産業は、すでにして貧しい国々からさらに数十億ドルをむしり取ろうとしている〕とフルケンシュタイン氏は指摘する。そこには平均月収が100ドルのベラルーシに対する請求交渉もあったというから気の毒な話だ。

ホロコースト産業（主に世界ユダヤ人損害賠償組織（WJRO）と世界ユダヤ人会議（WJC））はこの委任を利用して旧ソビエト・ブロックの国々に戦前のユダヤ人不動産をすべて譲渡するか、もしくは金銭的な補償するよう求めた。ただしスイスやドイツの場合とは違い、今回の要求は大衆の目を引かないところで行われている。

例えばポーランドに対して、

世界ユダヤ人損害賠償組織（WJRO）はポーランドにおけるユダヤ的生活の復活を促進するためと称し、戦前のユダヤ人共同不動産6000件の所有権を要求。これには現在病院や学校として使用されているものも含まれている。（略）更にポーランドの土地数十万区画も要求していて、これは地価にして500億ドル以上に相当する。ジューイッシュ・ウイーク誌によればポーランド当局者はこの要求のために国家の破産を心配しているという。

その後ポーランドがホロコースト産業の請求にどのくらい応じたのかはわからないが、おととしこんなニュースが報じられている。

ポーランド政府は1日、第2次大戦中のナチス・ドイツの侵攻と占領による損害が約6兆2000億ズロチ（約183兆円）に上るとの試算を公表し、ドイツ政府に賠償交渉を求める方針を示した。

ドイツ政府は賠償問題は解決済みだとの立場を示している。（ロイター2022年9月2日）

この仕掛け人はもしや？　と思わずにはいられないのだが……。

イスラエルと距離を置き、ホロコーストを忘れていたユダヤ人

「2000年8月末世界ユダヤ人会議（WJC）は、ホロコースト補償金として優に90億ドルを集める見込みだと発表した。（略）WJCの代表のエドガー・ブロンフマンが主催するホロコースト補償金祝賀パーティーが、ニューヨークのピエール・ホテルでタキシード着用で開かれた」という。

ここに招かれたクリントン大統領は「合衆国は醜い過去と直面する。私はネイティブアメリカンの居留地を訪れ、我が国の署名した諸条約が、多くの場合、公平でもなければ正しく守られなかったことを認めた。私はアフリカに行き、人間を買って奴隷にしたことについてアメリカの責任を認めた。これは辛い仕事である。我々は人類の中核となるものを見つけるために苦しんでいるのだ」と述べた。

このスピーチに関しフルケンシュタイン氏は〔だが、こうした〝辛い仕事〟のどの例を見ても、通貨による賠償金など一切ないことは明らかだ〕とにべもない。

更に〔賠償請求額を上げるために存命生還者の数が増やされている。とはいえホロコーストは民族浄化がテーゼなのに年々生還者が増えたので、結果的にホロコースト否定になってしまう〕と指摘している。なんとも皮肉な話だ。

又、フルケンシュタイン氏の興味深い指摘として、在米ユダヤ人は１９６０年代にはホロコーストに注意も払わなかったし、むしろホロコースト記念碑や記念館の建立に反対していたのだという。何故なら１９４８年に建国されたイスラエルの主だった指導者はイスラエル建国以前からすでに東ヨーロッパ系の左翼が多く、イスラエルはソビエト陣営につくのではないかという懸念が当初にあった。

一方アメリカは西ドイツも含んだ西側陣営に属し、東西冷戦構造の枠組みが形成されてゆく過程の中で、在米ユダヤ人はイスラエルへの強い連携を示すことは自分たちにとってマイナスになると考えていたからだという。〔ユダヤの知識人で１９６７年６月以前にイスラエルとの連帯を公言していたのは、ハンナ・アーレントとノーム・チョムスキーの２人だけだった〕というのだから、現在のアメリカ政府の親イスラエル政策と比較すると驚かざるをえない。

その潮流が変わったのが１９６７年の第３次中東戦争で、イスラエルの誇示した圧倒的な軍事力にアメリカはイスラエルを中東における〝戦略上の資産〟として認知し、アメリカからイスラエルに大規模な軍事的経済的援助が流れ込むようになり、アメリカとイスラエルの蜜月関係ができてきてから〝ホロコースト〟が浮上してきたのだという。

なお、著作の中でフルケンシュタイン氏はユダヤ人が実際に迫害を受けたホロコーストと、ホロコースト利権屋が主張するものを〝ザ・ホロコースト〟と区分けし、後者の理論を形成する教義をこう定義している。

１．ザ・ホロコーストは無条件に〝唯一無二〟の歴史的事件である。

２．ザ・ホロコーストは非ユダヤ人がユダヤ人に対して抱く不合理で恒久的な憎悪が最高潮に達したものである。

後者はわかりにくいかもしれないが、

ユダヤ人の奇妙な特性を示し、自分たちは特別に脅威にさらされた民族であり、必要ならばどんなことをしてでも、生き残る価値がある存在だと考える権利をユダヤ人に与えることになった。（略）典型的な例をあげれば、核開発に関するイスラエルの決定は常にザ・ホロコーストの亡霊に訴えることで説明されている。まるでホロコーストがなければ、イスラエルは核武装をしなかったと言わんばかりだ。

〝異教徒による永遠の憎悪というザ・ホロコースト〟の教義は、イスラエル国家の必要性の正当化とイスラエルへ向けられる敵意の説明の両方に役立ってきた。また、この教義はイスラエルは何をしても良いという許可を与えている。

という意味だそうだ。

これは現在進行形で行われている国際法を無視した、イスラエルによるガザのジェノサイドとヨルダン川西岸への違法な入植地拡大を考える上で整合性のある指摘だ。

イスラエルの著名ライター、ボアス・エブロンはホロコースト意識について、**〔その実態は公式プロパガンダによる洗脳であり、スローガンの大量生産であり、誤った世界観である。その真の目的は過去を理解することでは全くなく現在を操作することである〕**と喝破し、フルケンシュタイン氏は**〔ザ・ホロコーストこそが人類史上最大の強奪事件だったということになるのだろう〕**とくくっている。

「ホロコースト資産に関する大統領諮問委員会」のボードメンバー、スタインバーグ氏

１９９８年に設立された米国のホロコースト資産に関する大統領諮問委員会（ＰＡＣＨＡ、別名ＰＣＨＡ）は、最終的に米国連邦政府の所有となったホロコーストの犠牲者の資

産について調査する機関だ。

この諮問委員会は〝ホロコーストの犠牲者と称する人々の資産〟に対する米国政府の扱いについてまとめるため、金融資産の追跡から機密文書の公開などを行えることをクリントン大統領から確約されたものだ。

同委員会は国務省、財務省、司法省、ニューヨーク州ホロコースト請求処理局、ドイツに対するユダヤ人の物的請求に関する会議、ニューヨーク州と市の会計監査などに諮問し、幅広い政策提言に取り組んでいる。例えば2000年、家族から略奪された文化財の処置を巡って、被害者、その相続人、そして一般の人々に対する芸術界の責任についての対話をニューヨーク市で開催している。

98年に発足した委員会は2年の歳月を経て2000年12月に最終報告書「略奪と返還‥米国におけるホロコースト資産に関する大統領諮問委員会の調査結果と勧告」をクリントン大統領に提出しており、この一連の調査メンバーに名を連ねているのがリック氏が謝辞で名を挙げているペンシルベニア大学のジョナサン・スタインバーグ教授だ（ウィリアムJ・クリントン大統領図書館＆博物館より）。彼は、オーストラリア連邦の戦争犯罪訴追の専門家証人を務めたほか、ナチス政権下の銀行活動を調査するためフランクフルト・アム・マインドイツ銀行の歴史委員会に任命されている。[注2]

委員会は世界各国の大学、銀行や企業、財務省にまで調査を促し、第二次世界大戦におけるユダヤ人被害者の資産の行方を追跡し、数値化を目指したようだ。丁寧に読めば数年かかるような膨大な量の報告書が提出されているが、結論から先にいえば、〈**米国政府が所有または管理することになった被害者の資産の価値について、非常に大まかな推定値しか提供できなかった。米国は被害者の資産と他の資産を区別しておらず、合理的な推定値の作成を可能にした可能性のある生データが破棄されているため、これらの資産の価値を定量化することは非常に困難である**〉ということだった。

とはいえ数値化されなかったわけではなく、〈**連邦捜査局（FBI）は外国人財産局（OAP）が捜査を要請した「請求や訴訟の対象となる未権利および既得財産の所有権と管理に関わるさまざまな種類の調査の実施」に協力し、これらの調査による節約と回収は数百万ドルに達した。FBIはまた、略奪された有価証券、絵画、ダイヤモンドの出所にも焦点を当て、米国へのドイツの資金の移動と米国からのスイスの資金の移動を追跡した**〉とあるから、相当な執念だ。

敗戦国なので状況はまったく違うとはいえ、日本が満洲、朝鮮に置いてきてた残置資産の統計は外務省の概算によると現在の価格で約70兆円にも及ぶが、日本はそれらをすべて放棄し、戦後を終わらせている。ところが慰安婦問題、徴用工問題など終わったはずの問題が何度も何度もぶり返されるのは、こういった戦後処理問題をめぐる補償問題がこのような莫大な金額を産み出すからなのだ。例えば昨年こんなニュースが報道されている。

戦後、80年近くたつというのに先日ドイツが世界中のホロコースト生存者に対して来年さらに総額14億ドル（約2173億2381万円）の支払い延長に同意したという。この補償金にはドイツ財務省と交渉が行われ、虚弱で弱い立場にあるホロコースト生存者に在宅ケアや支援サービスを提供するための8億8890万ドルが含まれている。

そして、ニューヨークを拠点とするドイツに対するユダヤ人の物品請求に関する会議（請求会議とも呼ばれる）によれば、苦難基金補足プログラムの象徴的支払いの1億7500万ドルの増額が達成され、世界中で12万8000人以上のホロコースト生存者に影響を与えている。（AP2023年6月15日）

さらに今年に入ってハマスのテロに関連し、**〔ドイツはイスラエルの「ホロコースト生存者」に「10月7日の攻撃に対処する」ための支援として2700万ドル（約42億円）の支払いを承認した（CNN 2024年4月12日）〕**などと報道されている。日本の活動家がよく「日本もドイツに見習え」などと言っているが、ドイツの終わりなき支援の実態を、果たしてどこまで知っているのか甚だ疑問だ。

注１：ヘイディン法とは、１９９９年にアメリカ合衆国カリフォルニア州州法として提案され可決された戦時強制労働補償請求時効延長法のこと。第二次世界大戦中のナチスや日本の強制労働の賠償を可能にする。日本では朝日新聞が「第2次世界大戦奴隷・強制労働賠償法」とも表記し、世界に慰安婦を性奴隷として広めた弁護士の戸塚悦朗氏は「戦時奴隷・強制労働補償請求の民事消滅時効延長立法」とも表記した。

注２：https://www.thegreatcourses.com/professors/jonathan-steinberg

第3章

SWCクーパー副所長と抗日連合創設者ディン氏との対話

抗日連合・お飾り会長の無責任発言

大半の日本人は、慰安婦問題や徴用工問題、南京事件などを日本にしかけてきたのは朝鮮半島や中国共産党だと思っているはずだ。ところがそうでないことに気付かされたのは、２０１３年にアメリカのロサンゼルス郊外グレンデール市に慰安婦像が建てられ、その取材に訪米したのがきっかけだった。

「一体何故、遠い昔に何千マイルも離れたところで起きたことを記念する像（慰安婦の碑）を建てたがるのか？　なぜグレンデール市なのか？」と不思議に思っています」と困惑気味に話すのは米カリフォルニア州のグレンデール市長ディブ・ウェイバー氏。彼は慰安婦像設置に反対だったが、残念ながら市議会の多数決で設置が決まってしまった。せめてもの抵抗でウェイバー市長は除幕式への参加を見送っている。

紙面の関係で詳しい内容は省くが、私はこの時、慰安婦像設置の動きが進んでいたブエナパーク市にも取材を試みた。驚いたことに現地の韓国系団体はブエナパーク市に「日本の宮古島にも慰安婦の説明板が設置されてある」といった、あたかも日本政府が公有地への建立を許可したかのような文脈の文書を提出し、私はその原文を入手したのだが、これには巧妙な嘘が混じっていた。確かに宮古島に慰安婦の説明板は設置されているが、これは宮古島市が公有地に公費で建てたものではなく、活動家らが集めた募金によって共産党員の私有地に建てられたものだ。

時期を同じくしてサンフランシスコにあるソノマ大学の抗日式典にも足を延ばした。主催は「世界抗日戦争史実維護連合会（抗日連合）」という在米華僑団体。彼らはソノマ大学構内の庭にあるアウシュビッツの線路を模したホロコースト記念碑の線路の間に「日本軍によって25万人もの朝鮮女性が性奴隷にされた」と刻まれた石板を埋め込み、あたかもホロコーストに日本が加担したかのような式典をやってのけたのだ。もちろん中国領事館や韓国領事館の職員も参列していた。

抗日連合会長のピーター・スタネク氏は「我々の目的は日本軍の歴史について理解を深めることだ。それなくして平和は存在しない」と語気を強めた。彼は1994年に設立された抗日連合で初の非中国系会長で、ソノマ大学教授のマギー・チャンの夫であり白人だ。抗日連合の黒幕は実は副代表の華僑のイグナシアス・ディンだが、白人をお飾りで会長にしているところが実に巧妙な手法だ。

抗日連合の英語表記にしても、漢字にあるアンチジャパン（抗日）を入れるとレイシスト集団に見られる危険性もあるため、あえてさしさわりのない"Global Alliance for

Preserving the History of WWII in Asia"にしている。

サンノゼに本部を置く抗日連合は、南京（虐殺）、捕虜虐待、731部隊、慰安婦などについて「日本に謝罪させ、賠償させる」ことを主な目的とし、戦犯裁判や対日講和条約での日本の責任受け入れを一切認めていない明白な反日組織。2007年に米下院で慰安婦決議を実現させるなど、全米における抗日運動の主導的役割を担う存在として知られている。

式典後、ピーター・スタネク夫妻に取材した際、「私は中国の南京大虐殺記念館に行った。日本の天皇もそこに行って膝をついて中国人に謝罪すべきだ」とスタネク氏は言う。元ロッキード・マーチン社の社員で東アジアの複雑な歴史などどこまで理解しているのか甚だ疑問であったが、無知だからこそこんな発言が出来るのだろう。

また、戦時中に中国・広東で幼少期を過ごしたという妻のジーン・チャン氏に「イギリスは阿片戦争で中国人をさんざん苦しめました。歴史問題で抗議するのであれば、あなたはいずれイギリスにも抗議しますか？」と問うと「その質問には答えたくない」と逃げられてしまった。なんともダブルスタンダードな夫妻だ。

抗日連合の副代表・イグナシアス・ディンへの取材は2013年、2015年と2回行っているので、後に詳しく紹介したい。彼こそアイリス・チャンの中国での取材をお膳立てした『レイプ・オブ・南京』の立役者だからだ。

ともあれ式典では在米韓国人が慰安婦プロパガンダの小冊子を配っており、表紙には「性奴隷にされた朝鮮人女性　第二次世界大戦の忘れさられたホロコースト」と書かれていた。

SWCクーパー副所長への取材

多くのユダヤ人は〝ホロコーストの悲劇は唯一無比のユダヤ人のみに起こった惨劇〟と主張している。そこで私はソノマ大学で入手したホロコーストと書かれた慰安婦プロパガンダ資料を持って前述のSWCエイブラハム・クーパー氏（エイブラハム・クーパー・サイモン・ヴィーゼンタール・センター副所長（Rabbi Abraham Cooper, Associate Dean and Director of Global Social Action Agenda, the Simon Wiesenthal Center）に取材を試みた。ここはホロコースト（ユダヤ人大量虐殺）の記録保存や反ユダヤ主義の監視を行い、国際的なネットワークを所有している。

取材の主な目的は在米華人のアイリス・チャンが書いた『レイプ・オブ・南京』のサブタイトルに『第二次世界大戦の忘れ去られたホロコースト』と、ホロコーストという言葉が使用されていることや、慰安婦に関してクーパー氏の見解を聞くためだった。

１９９７年に発刊されたこの本はワシントン・ポスト、ニューヨーク・タイムズといったアメリカの主要新聞などが大きく紙面でとりあげ、チャンの主張を詳細に紹介している。ニューヨーク・タイムズのベストセラーリストに10週間掲載されていたし、世界の主だった空港の書店の棚にも当時は目立つ位置に置かれていて、それを海外で目撃した私は陰鬱な気分になった。

というのも本の内容が正確なものであれば致し方ないが、発刊後、多くの有識者や大学教授などから事実誤認や盗用疑惑、写真の誤用などが指摘され、あまりにも問題が多い本だったにも関わらず、世界の玄関口にベストセラーの冠を着せて置かれていたのだ。とはいえ、東アジアの歴史に疎い外国人が読めばコロリと騙されかねない本だった。

ＳＷＣは『マルコポーロ』事件[注1]など文春もひれ伏すほど力のある団体だったし、クーパー氏はよく来日して日本の有力者とも会っている。私は南京のみならず慰安婦までもが米国内でホロコーストを汎用していることについて、ＳＷＣが抗議声明を出すべきだと思い、彼の見解を聞きに行ったのだが……結果は散々なものだった。

ホロコーストはユダヤ人だけの悲劇で唯一無二のものだと主張しておきながら、何故彼らがアイリス・チャンや朝日新聞で南京プロパガンダを執筆した本多勝一、アメリカの抗日連合やKAFC（カリフォルニア州韓国系米国人フォーラム）などとつながっているのか、インタビューの行間から様々な情報を読み取っていただければ幸いだ。先方の思考回路や詭弁を知る上ではまたとない参考になると思う。

長くなるが大事なインタビューなのでお付き合いいただきたい。

“南京”はホロコーストか否か？

大高 アイリス・チャンを知っていますか？

クーパー ええ、知っています。彼女は非常にまじめで良い人でした。彼女は第二次世界大戦中におこった「南京大虐殺」に人道的な面からの見地を問うことに大変貢献した人でした。

大高 彼女には何度くらい会ったことがありますか？

クーパー アイリスとはたぶん10回ほど会ったでしょう。サンフランシスコやロサンゼルスでの彼女の講演会も行きましたし、彼女が自殺した際には葬儀で彼女の両親とも会いました。

大高 なぜ自殺したのか理由をご存じですか？

クーパー　いいえ知りません。ただ私が言えるのは、彼女の両親にとって、自分の子供に自殺されるということ程の悲劇は無いでしょう。また彼女の友人たちも悲しんでいると思います。

大高　書籍『レイプ・オブ・南京』についてどう思いますか？

クーパー　質問の意味が良く理解できませんが、当時何が南京で起こったのかを知るための情報が満載されている重要な本です。と同時に、数々の「論争」を引き起こした本でもありました。

大高　中国と韓国は恣意的に南京と慰安婦をセットにして〝アジアン・ホロコースト〟と喧伝していますが、あなたはアジアン・ホロコーストの言葉に同意しますか？

クーパー　「ホロコースト」という言葉は、正しくは1939年から1945年までに行われた「ナチ政権」によるユダヤ人への虐殺（ジェノサイド）に対してのみ使われるべきです。だからといって誤解してもらいたくないことは、南京で起こった恐怖の事件は、多くの難民や無辜の民が殺されたという「人道に対する犯罪」として理解されるべきであり、これは日本の「歴史上の恥、汚点」として捉えるべきです。南京で起こったことは「ホロコースト」ではありませんが、十分に憎悪されるべきことです。慰安婦問題に関しては日韓の政府高官に指南しました。

先月、東京で日本人が主催した慰安婦写真展に行きました。重要だと思ったからです。私の意見は日韓の人々双方に有効だと思います。まずは安倍首相や奥さんがプライベートに慰安婦生存者に会って慰安婦たちが当時経験したひどい経験に対して、気持ち（謝罪かねぎらい）を表現すべきです。（略）南京で何が起こったかを過小評価する日本人の努力に非常に失望しています。先日、南京の調査をした人が私に会いに来た時、彼は〝私たちが調査した結果、虐殺は1000人から3000人だけだ〟など言いました。その数字の過小評価はゲーム感覚でのもののいいようです。人類は野蛮です。皇軍が南京でやったことを（直視しない）一部の日本の人々は道徳的に間違った方向に進んでいます。南京にフォーカスすれば、これからも中国が日本を継続的に攻撃するのは容易なことです。

大高　南京大虐殺は国民党の中央宣伝部のプロパガンダだという説がありますが？

クーパー　日本の友人として申し上げますが、知性を持っている人が2015年の今日において「南京大虐殺」は中国人による創作話などという発言をすることは有益であるとは思えません。

国民党の創作？　ええいいでしょう。もう一度言いますが、今になって南京で起こったことはある組織のプロパガンダなどと主張することは、南京で殺された人々への冒瀆です。実際のところ、中国人でも日本人でもない第三者的存在である外交官の証言記事も存在します。唯一私が有益と考えることは、歴史家に日本、中国、ロシア、そしてアメリカ政府の公文書を自由に閲覧させ研究させることです。しかしこれだけは言っておきます。ここは「追憶の場所」です。あなたの発言は南京で殺された人々への追憶の神聖性を犯しているのです。そして……待ちなさい、私の話を最後まで聞きなさい。そして、その発言は敵側に弾薬を与えるようなものです。２０１５年における日本は信用出来ない、なぜなら何人かの日本人は当時南京で起こったことの責任を取ろうとしない、とね。

大高　私はあなたと南京について議論しにきたのではありません。

クーパー　議論ではなくストレートにインタビューに答えているのです。あなたは〝南京大虐殺に関する報道は、人民の虚偽と想像によるものであり、中国人によるプロパガンダである〟などと言うなら、インタビューは終わりです。私は礼儀正しく応対していますが……。

大高　南京はホロコーストではないのですね？

クーパー　南京大虐殺はホロコーストではありません。しかし虐殺が起こったのは事実です。これはアイリス・チャンの友人としての発言ではありません。これは歴史的事実なのです。

大高　彼女は著書のサブタイトルに『第二次大戦における忘れ去られた〝ホロコース

ト〟』と入れています。

クーパー　もし彼女が事前に『レイプ・オブ・南京』のサブタイトルにホロコーストをつけくわえてもいいかと相談してくれれば私は適切ではないと答えたでしょう。

ナチのホロコーストについて特異な点を教えましょう。600万人のユダヤ人がドイツで殺害された時のことです。ユダヤ人はヨーロッパを支配していたのではなく少数派でした。ドイツのナチがユダヤ人に敵対していたのは領土問題ではなくイデオロギーの問題でした。これは歴史上の問題のなかで極めて特異なポイントです。

ナチはヨーロッパ中のユダヤ人の女子供を集めてガス室に送ったのです。歴史的にもホロコーストは特異なものなのです。他の大虐殺などといった悲劇とは比較になりません。

ですからアイリス・チャンが事前に相談してくれれば私は「あなたはサブタイトルにホロコーストを使うべきではない」とアドバイスしたことでしょう。ホロコーストをつけないことによって大虐殺（南京）や本質が軽減されるわけではありませんし、たとえ私がホロコーストを使うなと言ったとしても『レイプ・オブ・南京』のパワーが軽減されるわけではありません。

大高　昨日私はサンフランシスコのチャイナタウンにある抗日記念館に行きました。そこでも彼らは南京大虐殺のパネルにホロコーストという言葉を使っていました。あなたの定義に反して言葉が汎用しています。

クーパー　ここはアメリカですし、人々には表現の自由があります。ただし事前に他の悲劇にホロコーストという言葉を使っていいかどうか聞かれたら、ＳＷＣは〝それは適切ではない〟と提言します。ホロコーストとはあくまでも、１９３３～１９４５年のナチによるユダヤ人の大量虐殺という意味です。私はこのことを多くの人に説明してきました。

私は日本人の友人として言っています。私は35回日本に行っています。そこで日本の友人にこう言い、多くの日本人が理解してくれています。〝あなたたちは責任をとりなさい〟それは個人としてという意味ではありません。

大切なことは日本が過去の過ちを認め、次世代の人々との間に信頼を回復することです。これはとってもセンシティブで困難なことですが、日本と中国、日本と韓国の関係改善は将来的にアジアの安定のために必要なことです。ですから政治家を除外し、日中韓の歴史家を中心に包括的な視点でこの地域をみて折り合いをつけることが大事です。

大高　最後にもう一度教えてください。あなたにとってのホロコーストの定義とは何なのですか？

クーパー　多くのユダヤ人がナチによってアウシュビッツでガス室に送られ焼かれました。ドイツ政府によってユダヤ人撲滅がおこなわれたことがホロコーストなのです。ヘブライ語でショアーといいます。虐殺といえばアルメニアの悲劇やルワンダ内戦80万人以上の虐殺など、歴史上多々ありますが、これらをホロコーストと呼ぶかと言えば答えはNOです。虐殺といえばイエスです。人々がそれぞれのおぞましい体験をホロコーストと表現したくなる気持ちもわかります。とはいえ彼らが事前に相談してくれれば、〝あなた方は他の表現を探すべきだ〟と進言します。

大高 つまり南京も慰安婦もホロコーストではないわけですね。

クーパー 「南京大虐殺」は「ホロコースト」ではありません。ただし私のコメントをTVで流すのであればよく注意して聞いてください。「南京」は「ホロコースト」ではなく、「人道に対する犯罪」なのです。犠牲者は「追憶」されるべき対象であって、「南京大虐殺」と「ホロコースト」を直接関連づける必要性は無いのです。（略）

大高 つまり「ホロコースト」とはユダヤ人におこったことのみを指すのですね？

クーパー そうです。「ホロコースト」という言葉はユダヤ人におこったことのみを指します。なぜなら、先に説明したように、これは大変「特異」なことだったからです。これは「ユダヤ人国家」への侵略ではなく、第2次世界大戦時ドイツが次々とヨーロッパの国々を軍事的に征服する中、その裏で別の戦争とも呼ぶべき「ユダヤ人狩り」が各国で行われ、最終的にはヨーロッパに住むユダヤ人の2／3の人々が殺されました。ユダヤ人に生まれたという理由だけでナチに150万人もの子供が殺されました。アンネ・フランクはもっとも知られた犠牲者です。これが「ホロコースト」が歴史上「特異」な事件である理由です。アルメニアや第2次世界大戦中アジアで起こった数々の悲劇は、それぞれの状況によって捉え、解釈されるべきです。

大高　慰安婦もホロコーストではないですよね?

クーパー　SWCは昨年「従軍慰安婦」問題の集会をここの博物館で主催しました。数百人が出席し、80歳代の女性もスピーチをおこないました。この問題が持ち上がって以来、我々は多くのアジアの人たちとコンタクトをとっています。彼らには、慰安婦問題は「ホロコースト」とは見なさないとの我々の見解を説明しています。理由は先に述べた通りです。

ただし、この問題にかかわる人たちに強調したいのですが、我々の批判を誤解しないでいただきたい。「ホロコースト」という言葉が当てはまらないからといって、問題が存在しないということにはならない、ということです。

(略)日本人の中で「ホロコースト」という言葉がこれらの問題に使用されることに対し大変敏感になる人々がいるのは理解できます。しかし、そのような人たちが「慰安婦」や「南京」問題の犠牲者の気持ちに共感することこそ有益ではないでしょうか。もしそうすれば、言葉の定義で争うのではなく、相互の関係を根本的に改善することができます。

こうした問題を提起することは重要ですが、それだけにとどめておくと、一部の中国人や韓国人には、日本人に問題自体までも否定する動機が生じているという印象が残ります。

SWCが慰安婦プロパガンダを煽動

クーパー氏の説明からは知りえなかったが、後日、SWCが慰安婦プロパガンダを煽動していることがわかる記事を発見した。

「ナチス戦犯追跡団体『韓国も慰安婦加害者を探せ』」と題されたもので、「自分ならたくさんの人を使って責任者を探し出し、法廷に立たせていただろう。これは被害を受けた国が果たすべき義務だ」「日本を世界で恥ずかしく困難な立場に立たせることは、被害を受けた韓国の義務だ。慰安婦だった女性がいるのに、なぜ慰安婦を募集した軍の責任者や関係者を探そうとしないのか」などと記されている。

ナチス戦犯を追跡する「サイモン・ヴィーゼンタール・センター」エルサレム事務所のエフライム・ジュロフ（66）所長は先月24日に本紙とのインタビューに応じ、日本による河野談話検証に対する韓国政府の消極的な対応を批判した。

ジュロフ氏は「私が韓国人であったなら、個人的に用心棒を雇ってでも、日本の軍部による慰安婦募集の責任者たちを探し出し、必ず法廷に立たせていただろう」と述べた。

ジュロフ氏は被害者である元慰安婦女性たちが生存しているにもかかわらず、加害者が明確になっていない状況に対して理解ができない様子だった。

ジュロフ氏は「日本の政治家たちが歴史の真実を認めないことが、当然のことだが最も大きな問題だ」とする一方で「韓国は慰安婦博物館や記念館を大々的に建設し、ユネスコ（国連教育科学文化機関）の記録遺産に申請するなどして、全世界に慰安婦の事情を知らせねばならないが、韓国人たちはおとなしすぎるようだ」と指摘した。（略）

同センターＳＷＣは米国ロサンゼルスに本部があり、法廷で有罪を確定できるほど信ぴょう性のある情報提供者には、最大で２万５０００ユーロ（約３５０万円）の懸賞金を支払っている。運営は寄付金で賄われているが、寄付金の額は昨年だけで２２００万ドル（約22億円）に達した。寄付金は「最後まで戦犯を追跡してほしい」と願う世界中のユダヤ人から送られたものだ。

この寄付金によってセンターは毎年ナチスの主要戦犯リストを公表し、新たに懸賞金を準備している。そのためホロコースト（ユダヤ人大量虐殺）を否定する欧州の右翼団体などからは、殺害予告などさまざまな脅迫を受けているという。（略）センターの働き掛けで後に各国政府は謝罪し、今は戦犯の追跡が世界で幅広く行われるようになっている。（略）ジュロフ氏は自らのことを「ナチスの狩猟者」と呼ぶ。ジュロフ氏は「70年が過ぎた今もなおナチス戦犯たちを追跡する理由は『被害者だったわれわれは常に見ている』というメッセージを彼らに伝えるためだ。このメッセージは戦犯たちに対してだけではなく、歴史を否定する勢力にも同時に送る一種の警告だ」と指摘した。

（『朝鮮日報』日本語版２０１４／７／６／09：30）

先に紹介したクーパー氏は「ホロコーストの被害補償に関するジュネーヴ会議」などにも参加し、欧州におけるホロコーストの戦後補償問題にも関わっている。ジェロフ氏のコメントを聞くと、何故、朝鮮人でもないユダヤ人の団体がここまで人権を掲げて反日プロパガンダを側面支援していたのか、当時はわかりにくかったかもしれないが、今日となっては理解しやすい構図であろう。

それにしても〝歴史の否定〟と〝歴史の検証〟は似て非なるもので、新たに検証されたものまで〝歴史修正主義者〟などと烙印を押され、言論弾圧されるのは納得がいかない。何か暴かれたらそんなに不都合な点でもあるというのだろうか？

ちなみにＳＷＣについてフルケンシュタイン氏はこう書いている。

SWCの館長ラビ・マービン・ハイヤーはスイスがユダヤ人難民を奴隷労働収容所に監禁などとんでもない主張を巻き散らした。ちなみにハイヤーの妻と息子もSWCで働いていて、1995年、3人の収入合計は52万ドル（約8200万円）だ。

徴用中国人の戦後補償裁判を傍聴？

2023年10月7日のハマスによるイスラエル攻撃に端を発したイスラエルVSハマスのガザ紛争は、悪化の一途を辿っている。南アフリカはイスラエルがガザで集団虐殺（ジェノサイド）を行っているとして、国際司法裁判所にイスラエルを提訴。ブラジルのルイス・イナシオ・ルラ・ダ・シルヴァ大統領やコロンビアのペトロ大統領もイスラエルの行為を「ガザのホロコースト」になぞらえた。

諸外国の要人がイスラエルのパレスチナに対する行いを〝ホロコースト〟だと表現したらいち早く激しい抗議声明ならびに活動を起こすのがSWCだが、日本への悪質なレッテル張りには随分と鈍い反応どころか、実際には反日プロパガンダを側面支援していたことは先のインタビュー紹介でご理解いただけたと思う。

そしてインタビューの中で我が耳を疑う驚くべき発見があった。クーパー氏はなんと第二次世界大戦末期に徴用された中国人グループが日本に対して起こした戦後補償裁判をわざわざ訪日して傍聴していたというのだ。

第2章でホロコーストの賠償金を専門とするバリー・フィッシャー弁護士の話を紹介したのも、こういった一部のグローバル・ユダヤ人の戦後補償問題に関する取り組みを理解しないと、何故ＳＷＣのクーパー氏がわざわざ中国人の日本訴訟を傍聴するために来日したのか理解できないからである。

大高　先ほど、あなたは日本は中国などと共同で歴史研究すべきだとおっしゃいました。しかし中国のような一党独裁国家が民間の研究に協力するのか甚だ疑問です。

クーパー　ええ、その通りで、あなたは大変興味深いことを提起されました。数年前に中国人のグループが日本の占領期に彼らの家族が何をされたか、という問題の訴訟を日本の裁判所に起こしました。私もこの裁判を傍聴するため訪日しました。そこで重要なことを2つ発見しました。

第一に、彼ら中国人の原告の訴えは却下され、賠償金は得られませんでした。とはいえ第二に、ある意味彼らはこの裁判に勝ったとも解釈出来るのです。何故なら民主主義国家の日本の裁判を利用し、日本人の若い世代に過去に起こったことを教育することができたからです。

そして帰国した中国人はまさに日本において「民主主義」を体験したのです。自国の「共産主義政権」下では裁判は起こせませんからね。ですから、この中国人達は裁判には負けましたが、彼らの受けた苦難は裁判を通して日本の人々に広がり理解されたのです。これは日本が「民主主義国家」であるから可能だったことです。中国では彼らはそのような権利を持ち得ません。ですからその意味であなたの疑問には同意します。

私の指摘したい重要なポイントは、もし今日本政府が「第二次世界大戦中の公文書を全て公開する」と発表すればアメリカや他の国も同様の行動を取るでしょう。そして中国に対して「さあどうする？　他の国々は公開したぞ」と問い詰めることができるのです。そのあとは中国自身の問題となるのです。

他国と協調し公開に踏み切るのか、それとも拒むのか。もし拒んだら、その時こそ「見ろ、中国は70年前、80年前、90年前の歴史の事実を解き明かすことを拒んで協力しないぞ」と世界の人々は見なすことでしょう。これこそが、日米間の「民主主義の価値観」の絆の強さを示すことであり、逆に中国の「共産主義」の限界を露出させることになります。ですから、今安倍政権（当時）が「歴史的公文書を公開する用意がある」と発表するだけで、数知れぬ世界中の若者の共感を得ることと私は信じています。

クーパー氏はご高説を述べながら繰り返し「日本は中国を侵略した」というので、

大高　当時、満洲は日本の保護国でした。日本人が匪賊に襲われる事件が多発し、日本軍は日本人の居留民を保護するために駐屯しました。ですので駐屯は合法です。

クーパー　わかりました。もうインタビューは終わりです。あなたは知的な女性だが、今日において日本が中国にした事は合法的だ、などとはまったく非論理的です。あなたは良い人だが、知性を持つ人は、我が国は「侵略」したのではなく、自国民を保護するため中国という国を「合法的に侵略した」などとは決して言いません。これは「歴史の専門家であるかどうか」の問題ではありません。

そう語気を強めた。

ちなみにクーパー氏は「原爆投下は戦争犯罪だと思っていません」（『新潮45』二〇〇〇年十二月号）とコメントしているだけでなく、故・安倍晋三元首相の靖国神社参拝を「倫理に反している」と非難する声明を発表。南京については、アイリス・チャンのみならず朝日新聞の本多勝一氏（南京事件を検証もせずに中国のプロパガンダをそのまま紙面で展開した。写真の誤用も発覚し後に認めた）も同センターに呼んで講演をさせている。

これが本当の〝日米間の民主主義の価値観の絆の強さ〟の証なのか、判断は読者にゆだねたい。

三菱マテリアル和解の立役者もクーパー氏だった！

三菱マテリアルの岡本行夫・社外取締役（元外務省OB）は22日、第二次世界大戦中に強制労働をさせた側として、元中国人労働者の生存者と遺族に対して謝罪の意を示したいと述べた。同社上層部の数人は19日、同じように第二次大戦中に強制労働をさせたとして、元米兵捕虜に謝罪した。三菱マテリアルは、終戦から70年が経過し、日本の大企業で初めて、この戦争で犯した罪を認めて陳謝したことになる（人民網日本語版　２０１５年７月24日）。

この報道から7年後に以下の追加報道がなされている。

三菱マテリアルは２０１６年に中国人の元労働者に和解金を支払うことなどで合意した。第２次世界大戦中に日本へ強制連行された中国人の元労働者との和解に基づき１２９０世帯へ１億２９００万元（約25億円）の和解金を支払ったことが28日分かった（日経新聞２０２２年11月28日)。

同紙によれば三菱マテは２０１６年、１人あたり10万元（約１９０万円）を支払ったという。

中国人強制連行については、紙面の都合で詳しい説明は省くが、劉連仁事件（華人労務者として雇用され、北海道の明治鉱業昭和鉱業所へ炭鉱労働者として送り込まれたが、１９４５年7月に脱走し約14年間北海道の野山を転々逃亡生活を送っていたと主張。１９９６年、東京地裁に強制連行であったとして日本国を相手取り提訴したが２００５年、東京高裁は訴えを棄却）などがある。

北海道の自然の厳しさを知る人間は口をそろえて野山で越冬など不可能、創作話だと指摘する。このように事実の再調査が必要な案件が山積しており、九州大学の三輪宗弘教授は劉連仁はＯＳＳ（ＣＩＡの前身。戦略情報局）が日本に送り込んだ工作員の可能性を指摘している。

にもかかわらず性懲りもなく今年もこんな式典が開催されているのだ。

「強制労働の中国人慰霊祭、遺族を招き初開催　旧三菱飯塚炭鉱」三菱マテリアルや地元の郷土史家によると、同炭鉱は、１９２９年から三菱が経営。その後の日中戦争や太平洋戦争による徴兵で不足した労働力を補うため、44年に中国人１８８人が強制的に連れてこられた。このうち20人が、45年の終戦のころまでに死亡したとされる。三菱は２０１６年、謝罪金を支払い、記念碑を建立することなどで、損害賠償を求めた中国人元労働者と和解した（朝日新聞２０２４年5月28日）。

ちなみに三菱マテリアルの謝罪板についてインターネットで検索しても出てこない情報を記す。

２０１６年11月三菱マテリアルは宮城県、秋田県、兵庫県の２か所合計４か所の社有地（一般人も見学可能）に『捕虜の強制労働に関する説明板』の設置を終えている。説明板にはこのように書かれている。『旧日本軍の管理下のこの地にあった仙台俘虜収容所には終戦時に５４５人（アメリカ４９４人、イギリス50人、オーストラリア１人）の捕虜が収容されており、収容中に８人が亡くなりました。

当時のこのような不幸な出来事を深く反省し、旧三菱工業株式会社の鉱山で労働を強いられていた全ての元戦争捕虜に対して心より謝罪するとともに、基本的人権や正義が侵されることはない未来の創造に向けて努力を続ける決意をここに示します。

秋田県の謝罪説明板の除幕式には元米軍捕虜の息子や娘なども立ち会っている。そしてこの説明板設置に尽力したのがＳＷＣのクーパー副所長と親しい徳留絹江氏だ。彼女は創価学会系の潮出版社からの著作もある。米国の捕虜問題をリサーチしてゆくと必ず彼女の名前が浮上してくる。

この除幕式が行われた1か月前には永田町の院内集会「中国人強制連行　三菱マテリアル訴訟和解集会」が開催されている。報告者には三菱マテリアルのみならず鹿島建設の花岡和解、西松建設広島和解にも関与してきた内田雅敏弁護士なども顔を出している。

朝日新聞は嬉々として「中国強制連行　意義ある和解の決断」といった社説を掲げ日本企業が人道上の問題を意識した結果だとし「政府は傍観者のままでいいのか」（朝日新聞2016／6／6）と政府に更なるステップをたたみかけている。

大きな金額が動く案件なだけに弁護士の報酬は相当なものであったであろう。この報告会には「韓国の強制動員被害者関連訴訟」に携わる張完翼弁護士も参加し、〝次は韓国でも〟と息巻いていた。韓国との和解は二転三転したが最終的に2023年3月に韓国の尹政権が1965年の日韓請求権協定で日本から経済協力金を受けた韓国企業が約4億円の寄付金を拠出し、原告15人の家族に分配する流れとなった。

ここで応募工（徴用工）について、元朝鮮総連の金賛汀氏の興味深い指摘を紹介する。戦後GHQの指令の下に発足した朝連（のちの朝鮮総連・日本共産党の別働部隊といっても過言ではない）の豊富な資金源についてだ。

最大の財源になったのは帰還してゆく強制労働者の未払い賃金等であった。1946年

末までに朝連中央労働部長名で強制連行者を雇用していた日本の各企業に未払い賃金の請求が出された。その請求額が４３６６万円に達し、朝連はかなりの金額を企業から徴収し、それらのほとんどは強制連行者の手には渡らず朝連の活動資金に廻された（『朝鮮総連』より）。

歴史認識をめぐる韓国政府との交渉で失敗を重ね続けてきた日本政府は今後、韓国政府に対してこう言えばいいと思う。

「今後、強制徴用についての補償請求は、すべて韓国政府もしくは朝鮮総連にしていただきたい」と。

請求権問題は１９７２年の日中共同声明で中国は日本に対する戦争賠償請求を放棄しているので両国では解決済みだ。活動家に後押しされたとはいえ、一企業がこういった国際条約を無視するかたちで賠償したり謝罪板を設置することが子々孫々の代まで金銭のみならず不必要な贖罪意識を負わせる功罪を日本を代表する企業として再考しなおしていただきたい。

ともあれ、中国との和解、そして補償金の支払いは、他の日本企業を戦々恐々とさせた。韓国とは１９６５年の日韓請求権協定、中国とは１９７２年の日中共同声明ですでに決着がついている問題を、一企業の安易な和解でパンドラの箱が開かれてしまったのだ。

私は昨年、2016年当時に三菱マテリアルの元社員で中国との折衝にあたっていた同僚を元社員から紹介してもらう話が進んでいた。何故に三菱マテがこのような不可解な謝罪をしたのか？　訴訟を逃れるためとはいえ、25億円もの和解金を支払い、歴史戦で応戦もせずに謝罪に追いこまれたことの経緯を取材したかったからだ。

ところが紹介者曰く「彼はこの折衝にあたってから神経を病んでしまい、ひきこもりとなって誰にも会わない」と断られてしまったのだ。よほど何らかのあつれきに苦しんだのであろう。その答えが解けたのは元外務省のM氏から「三菱マテに和解の圧力をかけたのは外務省です。本来日本企業の味方になるはずの外務省が、よりによって中国側の立場に立つとは言語道断」と聞いたからだ。調べてみると確かに駐米大使を務めた栗山尚一氏が、**〔条約その他の文書は、戦争や植民地支配といった不正常な状態に終止符を打ち、正常な国家関係を確立するため欠かせない過程だが、それだけでは和解は達成されない〕**（外交フォーラム2006年1月号）などと書き、元オランダ大使の東郷和彦氏も**〔各企業は、（中略）もう一回、韓国、中国の人たちが陥った過酷な状況に思いをいたし、責任感と大度量をもってできるだけの救済をしていただけたらと思う〕**（朝日新聞2007年5月17日付）などと述べている。岡本行雄氏もこういった流れを受け継いでの動きであろう。

ちなみに中国人労働者の戦後補償問題や1974年の三菱重工爆破事件の犯人の弁護士を務めた内田雅敏氏はドイツ型の「記憶・責任・未来基金（ドイツ政府と企業が、約150万のユダヤ人への償いで、各50億マルクを拠出し総額100億マルク（5300億円）で設立した基金」を日本でも創設するべきだと主張している。ちなみにドイツの基金の立役者は前述したロサンゼルスのバリー・フィッシャー弁護士だ。

これほどいわくつきの三菱マテリアル和解劇や中国への戦後補償についてもクーパー氏の取材で出てきたので紹介したい。

「日本は中国を侵略した」と強調するクーパー氏

クーパー　3か月前に驚くべき出来事がありました。日本の「三菱マテリアル」の重役たちがここの博物館を訪れ、公衆の面前でジェームズ・マーフィーという94歳になるアメリカ人男性にお辞儀をして謝罪を表明しました。マーフィーは第2次大戦中、捕虜となり「三菱鉱山」で「奴隷労働者」だったのです。この時の主催者が私だったのです。

この光景から私が学んだことは、「責任を取ることのできる人間の強さ」というものです。三菱が行ったことは単に「正しい」という行動だけでなく、大変重要な「姿勢」を示す行いでした。当時の生存者はほぼいませんし、今日では誰も三菱が「奴隷労働者」を使っていたなどとは知りません。でも三菱側は戦時中会社が虐待した人が多少なりとも生存していることを知っていました。これこそが「正しい」行いなのです。

この一件は中国や韓国でも報道され、インターネット上でも広く知れ渡りました。「ジェスチャー」とは人と人との間で行われる行為です。首相は誰か政府関係者を送ってきましたが、この時は「日本の一私企業」が「一般アメリカ市民」に対して示した「ジェスチャー」でした。この種の行為は、信用と友好のレベルを引き上げ、逆に怒りと憎しみのレベルを引き下げます。

私が頻繁にアジアを訪問する理由の1つは、このような人対人の関係、「イデオロギー」ではなく、もっと人間的な行動を促進させるよう励ますことにあります。他の日本企業も同じようにしてくれたら、と願います。法的な義務もなく、誰も訴えたりしないし、賠償金を払う必要もありません。ただ「歴史的」「道徳的」見地から、このような姿勢は将来への大いなる「投資」であると思います。それこそが進むべき道なのです。

大高　もし日本がこれ以上謝罪を続ければ中国政府は更なる戦後補償を求めてきます。

クーパー　OK、あなたはATMをご存知ですか？　中国は日本をATMのように利用しています。何故か？　それは日本人に罪の意識があるからです。政府を排除し民間レベルで検証すれば日本はATMでい続ける必要はなくなるのです。

話は平行線をたどったので、私はかつてイスラエルに取材したときのことに話題を移した。敵対しあっているイスラエルとパレスチナでは双方がプロパガンダ合戦を行っているのは周知の事実だ。ただし情報戦はフェアな状況ではない。ニューヨーク・タイムズ、ワシントン・ポスト、のみならず欧米メディアには優秀なユダヤ人が、イスラエル側の主張がメインで報道される場合も多い。そこで私は証言の信憑性を丁寧に追及することがいかに困難かという意味合いも込めてこう質問してみたのだ。

大高　どの国も敵国を貶めるためのプロパガンダは行います。かつてイスラエルを取材した際も、ガザやヨルダン川西岸の一部のパレスチナ人だって嘘の証言をしていたことをイスラエルのメディアで知りました。同様のケースは東アジアにもあります。中国や韓国の一方的な証言の信憑性を検証もせずにどう信頼し、謝罪しろというのですか？

クーパー　東京裁判に戻りましょう。日本は１９３１年に中国に侵略しましたね？

大高　日本だけですか？　イギリスはどうですか？

クーパー　日本軍は中国に侵略しましたね？

大高 当時は合法的な進駐でした。日本軍は居留民を保護するために進出したのです。

クーパー インタビューはこれで終わりです。あなたとは知的な議論ができません。知性ある良い人たちが、「えー、歴史の専門家ではないので、よくはわかりませんが、多分侵略は合法だったのです、でも違うかも知れません」などの戯言を中国人が聞いたら、永久に日本人を信用することは無いでしょう。「いったい日本人は私の家族に何をしたと思っているのか！」ということです。大事なことは、数字の詳細や言葉の定義ではなく、公文書を自由に閲覧可能にすることです。これこそが、道理にかなったことであり、歴史を否定することには正当性はありません。

ある国が別の国を「侵略」し、その国土を支配した、という現実があります。でしょう？　正しいですか？　私が間違っていますか？　何か見落としていますか？　事実ですか、間違っていますか？　その点に合意できなければもうこれ以上話すことはありません。日本は中国を侵略し、国土を占領したのです。中国を侵略した国は日本が最初ではありませんが、確かに日本は中国を侵略したのです。ええ確かにイギリスも中国を侵略しましたが、１９３１年日本は中国を侵略し、軍事占領したのです。間違っていますか？

日本を訪問した際、東京の神社（靖國）を外部から見ましたが、非常に落ち着かない、不安な気持ちを抱きました。自国民を「保護」する目的で他国を侵略した、などという観念がそうさせたのです。
ドイツもチェコスロバキアを侵略する際、ドイツ国民の保護を理由にしました。皆戦争の理由づけは同じです。ドイツがチェコを侵略したのは自己民保護だ、で許しますか？　第二次世界大戦は全て合法性に基づくものだ、などと誰が言いますか？　ドイツ人でさえそんなことは言いません。

大高　侵略というのならイスラエルはパレスチナに侵略したと言えますか？

クーパー　ガザについてですか？　はいそうです。ですから我々はガザから撤退しました（２００５年にユダヤ人入植者はパレスチナのガザ地区から撤退をしている）。

大高　そうではなくイスラエルです。

クーパー　イスラエル？　彼の地は３５００年にわたってユダヤ人の土地です。これからも。

大高　パレスチナはイスラエルに侵略されたといっています。侵略という言葉に賛同できますか？

クーパー　私は彼らの考えは知っています。しかし真実は違います。それにしても、あなたのように一部の日本人はいつまでも過去を否定し続けています。これは恐るべきことです。

大高　否定ではないです。東京裁判についてですか？

クーパー　こまかい議論、特に中国人への冒瀆です。私は現在の日本人が罪人だといっているのではありません。日本では政治家をふくめ様々な人と接触しますが、みな素晴らしい人です。しかし大日本帝国軍は大問題です。これは中国人だけではなく占領されたすべてのアジア諸国が日本にたいして不信感をもっています。我々は侵略したのではなくアジアの解放をしたというのはナンセンスです。

大高　SWCは在米華僑団体の抗日連合とも協力関係にあるのですか？

クーパー　知っていますよ。メンバーの一人はメールを送ってきます。

大高　抗日連合のルーツはKMT（国民党）です。KMTはナチと協力関係にあったことを知っていますか？

クーパー　私の指摘したいことは、毎日400通のメールを受信しその内いくつかは彼ら（抗日連合）からのメールですが、彼らは決して中国のチベットに対する「人権虐待行為」を非難することはありません。

サイモン・ヴィーゼンタール・センターはいかなる組織の支配下に属するものでもないのです。アメリカは民主主義国家であり、言論の自由があります。たとえ「うそ話」でも何をどのように発言するかは自由なのです。しかし私の理解では、彼らは中国政府の人権侵害、抑圧、虐待に対し、いかなる非難声明も発表したことがない、ということです。

歴史問題に関しては、多くの日本人が理解しています。なにしろ慰安婦の写真展を日本人が開いているのです。例えばドイツと日本を比べてみましょう。ドイツは親祖父世代の行いに責任をもち、過去を正当化しようとする輩はテレビなどから外されてゆきます。


残念ながらクーパー氏のインタビューは時間切れで、ここで終わってしまった。私の質問に相当いら立ち、途中で何度かインタビューは終わりといいながらも、最後まで応じてくれたことには感謝したい。

大事なことは、これはクーパー氏の見解というより、『ジャパンズ・ホロコースト』の著者や彼を支える国際的なネットワークを持つ著名な学者や元米軍関係者の見解であると言っても過言ではない。米英の一流大学の歴史学会の主流な見解、又、そういった大学に留学して霞が関や永田町に戻る日本のエスタブリッシュメントたち……。なぜ戦後80年近くたっても外務省が歴史戦において日本を背負って闘えないのか、海外での空気感をご理解いただけたかと思う。

ちなみにクーパー氏は2023年7月3日、山田賢司外務副大臣を表敬訪問し、創価大学とはホロコーストに関する展示会を開催している。双方の付き合いは古く、故・池田大作氏は1996年6月4日にSWCで講演を行い、同センターの副所長であるクーパー氏も2023年7月5日、創価大学にて「ホロコーストからの教訓」というテーマで講演している間柄だ。

抗日連合の元司令塔ディン氏への取材

なぜ「アジアン・ホロコースト」という造語が広められたのか？　この謎を解くためには米民主党政権時代に遡らねばならない。1993年クリントン政権発足の翌年、まるで足並みをそろえるかのように世界抗日戦争史実維護連合会（抗日連合）が発足する。

抗日連合会は1994年に、中国政府と連携した中国系米人たちによりカリフォルニアを本部に設立された。「日本に戦争での残虐行為を謝罪させ、賠償させる」ことを主目的とし、南京、捕虜虐待、731部隊、慰安婦を挙げてきた。戦犯裁判や対日講和条約での日本の責任受け入れを一切、認めない点で明白な反日組織である（産経新聞2013年8月31日）。

1997年には中国系アメリカ人のアイリス・チャンが『レイプ・オブ・南京』を発刊した。先に述べたように1999年には、第二次世界大戦中のナチスや日本の「強制労働」の賠償を可能にする悪名高いヘイディン法が施行され、日系企業相手に総額１２０兆円を超える訴訟が起こされた。

この法案の後押しをした内の一人が日系人のマイク・ホンダ元議員。抗日連合はホンダ氏を議員にするためにバックアップしていたが、後年、マイク氏からインド系のローカンナ氏に乗り換え、マイク氏は落選している。とは言え、彼が推進した２００７年米下院対日非難決議案など日本にとっては厄災のような人物だった。

「慰安婦問題」に関しては、米国の各省庁作業班（ＩＷＧ）が調査を行ったが、米国のジャーナリスト、マイケル・ヨン氏と産経新聞がこんな報告をしている。〈**慰安婦たちの主張を裏付ける証拠を求めて、米政府は３０００万ドル（30億円超）の費用を掛けて調査を行った。約７年の歳月を掛けて、大勢の米政府職員や歴史学者が過去の公文書を徹底的に調査した結果、有力な証拠は何一つ見つからなかった**〉。このＩＷＧに調査を促していたのが抗日連合だ。

抗日連合の創設者は国民党の血筋のイグナシアス・ディン氏だ。私は２０１３年と２０１５年、米西海岸で彼に会っている。最初に会ったのは前述したソノマ大学抗日式典だ。中国・韓国領事なども出席し、抗日連合幹部たちが勢ぞろいし、アイリス・チャンの両親も参加していた。

会場の入り口で抗日連合おそろいの黄色いポロシャツを着て日本軍が中国人を斬首している写真などを陳列していたのがディンだった。彼が展示していた写真は、南京問題の専門家である松尾一郎氏の『プロパガンダ戦「南京事件」』で、これらの写真の大半が清朝時代のものや捏造だということが判明しているが、会場を訪れる人は真実を知る術もない。式典が終わったあと、ディン氏は取材に応じてくれた。

当時ディン氏のHPを開くとトム・クルーズが出演した映画『ミッション・インポッシブル』のテーマソングが流れていた。実物は随分トム・クルーズとは似て非なるものだが、工作員であることを楽しんでいるかのような雰囲気が伝わってくるものだった。ちなみに彼は1998年にカリフォルニア州教育委員会 歴史・社会科学諮問委員会委員を務めている。慰安婦が記述された米大手教科書マグロウヒルにも影響を及ぼしていたことも窺い知れる。

大高　何故、反日の活動を始めたのですか？

ディン　1978年に渡米してから1991年になるまで、誰も私のことは知りませんでした。特に中国人米国人分け隔てなく接していましたし、海外にもよく行っていましたので、12年間はほとんど誰も知らなかったのです。ただ、私が2年間この民主化の運動を率いたことによってBBCやアメリカの主要メディアから呼ばれるようになりました。私は在米中国人コミュニティのスポークスパーソンとなったのです。

1991年、毎年1回ニューヨークで南京大虐殺の追悼集会を25年間にわたって主催している団体に出会い、もっと人を呼んで何かやったらどうかと提案したのです。この組織の創立者はキャシー・ツァンで、彼女も旦那も日本で教育を受けていますが、彼女は香港から中学生のときに日本に渡りました。彼女の父親は戦時中三菱に勤務しており、香港経由で東京に撤退した際、1957年に日本に渡り日本で育ったのです。家族全員が完璧な日本語を話します。その彼女から追悼式典拡大を行うよう依頼を受けたのです（略）。

我々は6か月間にわたって数多くの会合を開いて議論を続けました。我々にはお金も知識も人もない、と。お金なくして基金はできないし、歴史を知らないので歴史協会をつくることもできませんが、真実を維持・管理していくことはできると。そこで日中戦争の史実を維持・管理していくという名称をつけて1992年の5月に組織をたちあげました（略）。

この時私はディン氏から、キャシー・ツァンの連絡先もきいて取材を申し込んだのだが、残念ながら彼女の返事はなかった。ホロコースト補償キャンペーンはクリントン政権時代90年代に始まっているので、キャシー・ツァンの南京キャンペーンも連動したものであるとみて間違いないだろう。

国民党を強調しつつ、共産党ともつながる

ディン　私が中国入国のビザを申請しても断られるでしょう。なぜなら、私が「反共産主義者」であることを中国は知っているからです。私の祖父・丁惟汾は日本の明治大学で博士号の学位を受け、１９２０年の台湾総督ともクラスメートでした。我々は「国民党」であり「共産党」ではありません。私は台湾出身であり、中華人民共和国に属する者ではありません。現中国政府は私の出自についても完全に歪曲しているのです。

ディン氏は国民党・台湾を強調し父親の写真なども見せてくれたが、抗日連合と中国共産党のつながりについては江崎道郎氏がこう指摘している。**〔彼らは何度も訪中し、中国でも頻繁に合同国際会議を開催しています。２００２年に上海で開催された「第二次大戦の補償問題に関する国際法会議」に参加し、２００３年９月、中国政府の官営シンクタンク「中国社会科学院」主導で結成された、日本の戦争責任を追及する国際ネットワーク「日本の過去の清算を求める国際連帯協議会」にも米国を代表して加盟しています〕**

と、中共とのつながりを否定するのは詭弁であった。それでもディン氏はこう言う。

ディン　サンフランシスコのチャイナタウンにある銅像を知っていますか？「民主主義の女神」という像で、我々が20年前に中国共産主義に対抗するため建立しました。これは1989年の「天安門事件」以前に北京に建っていた女神像の複製で、サンフランシスコのヒルトンホテルの真向かいに建っています。我々は中国政府糾弾の為、米議会にロビー活動を行い、10年間は米中間の貿易を禁止させようと努力しました。

とはいえ、実際には貿易禁止は実施されていない。

ディン　我々は「犠牲者」の為に活動をしているのです。もしある政府が問題のある事象を提起したら、それに対して疑問のあるいは不信の声を上げなければなりません。例えば日本政府が「再軍備化」の道へ進もうとするならば、それに対して何が間違いなのかを指摘する必要があります。「地域の平和」「国内問題」「経済問題」「中国・韓国との対立」あるいは、「日本自身の将来への悪影響」などの問題です。これらを明確に指摘することにより、日本の政策の何が問題なのかを人々は理解することができます。

そして人々は、安倍政権により過去に日本が歩んできた道を再び繰り返すことの危険性を批判する必要性を感じ取ります。何故安倍政権の政策が危険かですって？　それは１９３０年代の日本が取った政策と全く同じことを唱えているからです。

日本は世界で唯一、法的に憲法改正すること無しに憲法の「解釈」を変えようとする「民主主義国家」です。安倍政権は違憲内容を含む法律を「憲法の再解釈」と称して通そうとしていますが、そんなことはあってはなりません。法律を解釈できるのは、ただ唯一最高裁判所であって、安倍政権ではありません。それが「三権分立」の基本です。

もし独立した「司法権」を行政府の解釈で内閣の好き放題に施行するならば、それは「ナチ政権」と全く変わらないことになります。中国も同等です。私は中国政府を擁護しているわけではありません。

大高　あなたは人権活動家なんですね。でしたらチベットやウイグル、南モンゴルなどに対する中国政府の人権弾圧に対して声をあげますか？

ディン　私自身は色々な「顔」を持っています。「投資家」であり、「活動家」でもあり、また「ビジネスマン」でもあります。「人権擁護活動家」として世界中に知り合いがいて過去、現在、未来と常に活動してきています。世界中の活動家は私の名前を知っています。私の活動家としての範疇は大変幅広く、1つの問題に特化しているのではありません。仮に中国とチベットの問題を議論しろというのであれば、半永久に話を続けられます。

ただ大事なことは、私自身が中国と議論することではなく、中国政府がチベットと対話をするように仕向けさせることが必要です。台湾問題も同じです。中国はミサイルを発射して相手を脅すような行為ではなく、台湾の人々との対話を始めるべきです。私は中国政府の考え方を変えさせるよう尽力したいのです。

日本の場合も同じです。私の仕事は日本政府の現在の方針は間違いである、と説得することです。もし日本が心を開いて中国や「犠牲者」との対話を進めることに方向を転換するのであれば、私の仕事は成功した、といえるでしょう。問題は「政府と私との議論」ではありません。私自身は「犠牲者」ではないのですから。そうなれば、私の役目は終わり、次の問題に取り掛かれるでしょう。

私の家柄は中国で1800年代から続く古い革命家の一族です。先程も言いましたが、祖父は日本で教育を受けています。大変古い家柄で、いわば中国の「侍」（武家）に当たります。祖父は「法学博士号」を持ち、KMT（国民党）の共同創立者で、「書記長」でした。曾祖父は「活動家」であり、我が家柄は「教育者」といえます。実際、私の息子は現在中国（の山奥で）教育に従事しています。代々我が家の使命は「教育」にあり、「学んだことを社会に還元する」ことだと信じています。

ディン氏が本当に教育を重んじる由緒ある血脈の末裔であるなら、プロパガンダのお先棒を担ぐことが本当の意味での和解、対話につながるものなのか、しっかりと考えていただきたい。ともあれ、南京プロパガンダも国民党によるものなので、ディン氏が国民党の系譜ということが判明したことは有意義な取材だった。

抗日連合は国連のユダヤ人組織を見本とした

ディン氏とは、南京事件のことを「ホロコースト」などとサブ・タイトルにつけたアイリス・チャンとの出会いから、94年に発足した抗日連合についても語った。

ディン　会議を開くと参加者も集まり、１９９４年の12月10日に２日間にわたり開催しました。そこに、白いシャツと黒いスカートをはいた、ポニーテールの若い女性が現れ、最後に受付で南京写真のコピーを借りたいと頼まれたのです。写真のコピーで何をするのかと尋ねると本を書くと言うのです。私はプロのライターであり、さまざまな話を聞いてきたけれども本当の写真を見たことがないのだと。

あなたは誰かと尋ねると私はアイリス・チャンでサンタバーバラからきたと。そこで、今晩写真を借りても良いけれども明朝返却してくれと言いました。スタンフォードの寮まで行くと遠いだろうから、キャシーの大きなマンションに泊めてもらいなさいとも提案し、彼女は快諾したのです。

キャシーと私はその晩、果たして南京大虐殺を執筆するのに彼女がふさわしい人物かどうか話し合いました。彼女の英語力をチェックしたところ完璧だとわかり、ミッションやゴールもしっかりしていたので彼女でOKだろうという結論に至ったわけです。抗日連合の組織運営に関しては、国連のユダヤ人組織を見本として会員組織のネットワーク化をしたのです。

大高　慰安婦問題には何時頃から関わったのですか?

ディン　1992年、慰安婦問題がクローズアップされ、日弁連会長だった土屋公献氏や戸塚悦郎氏（筆者注・国連に対して慰安婦は性奴隷などと執拗なロビー活動を行った）にも会いました。戸塚氏はロンドン在住、対国連のロビイストでジュネーブで会いました。彼は中国政府のために働いていたのです。そこで、我々は国連で6つの決議を通すことができたのです。ただ決議されても事態が進展しないので、地元での活動に切り替えました。我々は西海岸の市から郡、州へと活動を拡大。そこでマイク・ホンダ氏にも出会いました。

度重なる国連へのロビー活動など一体戸塚氏はどこから資金を得て活動していたのか甚だ疑問だったが、ディン氏がはっきりと「戸塚は中国のロビィスト」と明言したので謎が解けたような気がした。

「沈黙は確実に敗北につながる」というメッセージ

ディン氏と再会したのは、２０１６年11月９日。その日は奇しくもアイリス・チャンの命日だった。

大高　あなたは以前、中国政府とは全く関係がないとおっしゃっていましたが、中国国内でのシンポジウムなどにも参加し、中国政府の声を代弁するかのような尖閣諸島に関する論文も米紙に寄稿したりと、無関係とはいえないのではないでしょうか？

ディン　我々は中国政府とは全く無関係で、ビタ一文たりともお金も貰っていません。実際のところ、我々は「慰安婦」や「強制労働」の犠牲者の為にアメリカ国内で基金を募り、彼らを助けているのです。ロサンゼルス、ワシントンDC、ニューヨークあるいはアメリカ最高裁での裁判のための彼らの費用を払っているのは我々の組織なのです。しかしどのメディアもこの事実は報道しないため、我々の組織が中国政府より資金を得ているなどと言われるのです。

大高　サンフランシスコにできた抗日記念館に行ったら、あなたの写真が飾ってありました。

ディン　いいえ！　私は「抗日記念館」とは無関係です！　彼らは我々の組織の名前を利用しているのです。私の写真が記念館に展示されているって⁉　そんな話、初めて聞きましたよ。そのビルに行ったこともないのに。

大高　あなたは「戦争の犠牲者」について活動しているのであって、今アメリカ各地に建てられている「慰安婦像」とは無関係なのですね？

ディン　関係ありません。「慰安婦像」建立は他の組織が実行していることで、我々とは無関係です。

大高　今日はアイリス・チャンの命日ですね。

ディン アイリスは恐らく、子供が空想上の友達を持つように、空想上の敵がいたのでしょう。当時は彼女はパラノイドで現実と空想の区別がつかなかったのでしょう。パラノイアが自身を自殺に追い込んだとも考えられます。しかし、アイリスが脅迫を受けていたのは事実です。でもそれがどうしたというのでしょう？ 私自身も実際に電話で脅迫を受けることはあります。でもだからといって、気が狂うことはありませんよ。アイリスは強い女性でしたが、精神的に病んでいたのです（略）。

人々が声を荒らげるということは、我々の主張が世間に知れ渡っているということを意味します。より多くの人が徐々に真実に気づき、真実が勝つことを願っています。もし黙っているならば我々の負けです。より多く主張することが必ずしも勝利を意味しませんが、沈黙は確実に敗北につながります。

はぐらかしも多かったディン氏のインタビューだったが、日本政府に大切なことを教えてくれた。それは〝沈黙は確実に敗北につながる〟ということだ。

元駐日イスラエル大使エリ・コーヘン氏の見解

最後にイスラエルの元国会議員で元駐日イスラエル大使でもあったエリ・コーヘン氏の見解を紹介したい。私が『アジアン・ホロコースト』について悩ましい現実を説明すると、コーヘン氏はユネスコ提出用に意見書を書いてくれたのだ。以前、カナダのトロントにある「カナダ・イスラエル友好協会」が「申請者はホロコースト（ユダヤ人大虐殺）の意味をねじ曲げている」と批判する意見書を提出したと産経新聞が報じていたが、これとは別のものである。

コーヘン氏は以下のように述べている。

ホロコーストは他の事例と比較しようがない。世界中のどの国も、国民を組織的に殺害する方法を冷徹に計画しなかった。ユダヤ人の子供も、女性も、男性も、たとえ母親だけ、父親だけ、あるいは祖母や祖父がユダヤ人であったとしても、部分的にユダヤ人であったとしてもである。彼らはユダヤ人がどこにいても、その人を探し出し、殺害するシステムを構築した。

そしてドイツ国民全体が巻き込まれた。ポーランド、オーストリア、イタリアなどの国々がこの大虐殺に協力し、ユダヤ人を助ける準備ができていた少数の勇敢な人々だけが、命がけでヨーロッパ中のユダヤ人をかくまったり、逃げ惑うユダヤ人を救ったりしたのだ。

このようなことは人類の歴史上一度も起こったことがなく、他のいかなる国でも起こらないことを願っている。

だから、この犯罪を他の何ものとも比較するのは馬鹿げている。慰安婦問題に関して何かを言おうとしているわけではない。

多くの国がホロコーストをプロパガンダの道具にしようとしている。パレスチナ人ですら、自分たちのテロリストは自由の戦士であり、イスラエル人はパレスチナ人にホロコーストを作り出していると世界に信じ込ませようとしている。

多くの人々は、世界で起きている多くのこと、そして自国に関することでさえ、真実を知らない。だから、メディアやその他のプロパガンダの手段を使うことは、新たな冷戦なのだ。こうした嘘や真実の流用からの逸脱と戦うためには、正しい反撃方法を見つけなければならない。なぜなら、人々は情報を知らず、メディアから得た情報、本や研究結果を鵜呑みにしてしまうからだ。（略）

この意見書は12月8日、ユネスコ世界の記憶遺産事務局担当者、国際諮問委員会の各委員などに郵送されている。

注1：1995年2月に日本の文藝春秋が発行していた雑誌『マルコポーロ』に「戦後世界史最大のタブー。ナチ『ガス室』はなかった。」内科医西岡昌紀氏が掲載されたことに単を発する。記事に関して、アメリカのユダヤ人団体サイモン・ヴィーゼンタール・センターが文春に抗議を行い、発行誌全体への広告出稿をボイコットするよう呼びかけた。結果、編集長は辞任、雑誌は廃刊となった。

第4章

南京事件プロパガンダとアメリカ人宣教師

エプスタインと日本の軍指導者が同様？

第5章　南京での強姦
第6章　シンガポールとマラヤでの強姦
第8章　グアムでの強姦
第9章　フィリピンとマニラでの強姦
第12章　栗林の下でのアジアと香港での強姦
第13章　「慰安婦」：日本の性奴隷文化

「ジャパンズ・ホロコースト」は全部で23章あるが、日本軍が駐屯した主だった場所にすべて〝レイプ〟などとタイトルをつけるセンスは相当なものだ。謝辞で名を挙げられたかつての指導教官も困惑しているのではなかろうか。タイトルを眺めるだけでもリッグ氏が慰安婦問題の本質を何も理解せずに、筆をすすめていることがよくわかる。

日本の政治指導者も軍指導者も、特に「慰安婦」に関しては、女性への虐待を熱望するジェフリー・エプスタイン[注1]と同様などといった考えを示している。

更にこうある。

彼らの堕落の深さは時折、ジェフリー・ダーマー[注2]の犯した犯罪を彷彿とさせる行為で最高潮に達し、「ハッピーエンド」はあからさまな殺人や深刻な身体的外傷の結果による犠牲者の残忍な虐殺につながった。その結果、日本人男性は全体としてアジア太平洋地域の全世代の女性に深刻な精神的破壊を与え、女性たちの尊厳、健全な関係を築く可能性、安定的で充実した生活を送る能力を奪った。

リッグ氏は慰安婦問題を小児性愛者のエプスタインや猟奇殺人犯と同列に並べているのでこの一文だけでもこの本のお里が知れるが、彼が引用している本や著者を調査することによって戦後にも続く壮大な反日プロパガンダの実態が浮き彫りになった。

それにしてもリッグ氏は、せめてこれを書く前にハーバード大学ロースクールのマーク・ラムザイヤー教授の調査くらい目を通しておけば、もう少しましなプロパガンダ本が書けたのではないかと老婆心ながら思う。

余談になるがハーバード大学といえば、エプスタインはアカデミックな世界への浸透工作も積極的に行っていた。有罪判決を受けたあとも、ＭＩＴマサチューセッツ工科大学のメディアラボに寄付を行ったことが判明し、当時所長だった伊藤穰一氏が辞任している。エプスタイン本人もハーバード大学に３５００万ドル以上を寄付して「ハーバード出身」

と名乗っていた。彼の経歴を俯瞰すれば単なる売春経営者だけではないことが容易にわかる。

ラムザイヤー教授は慰安婦とされた女性たちが、日本の公娼制度を基礎とした高額な賃金支払いを前提とする民間での任意の期限付き商業契約だったことを立証している。従って日本の政府や軍が組織的に連行や強制をした事実はなかったということだ。又、韓国の国史教科書研究所所長の金柄憲氏も『赤い水曜日　慰安婦運動30年の嘘』で慰安婦問題は国際詐欺劇だと明確に指摘をしている。

そもそもリッグ氏は慰安婦の意味を理解できていない。何故日本軍が公娼を利用したのかといえば現地での強姦を未然に防ぐためであり、日本兵の強姦でも発覚しようものなら、ただちに軍法会議にかけられて厳しい刑罰を受けることとなっていた。

強姦といえばライダイハンと呼ばれる混血児をたくさん作ったベトナム戦争時における韓国軍の行いなどをさす言葉であって、日本軍が韓国軍のようにアジアで強姦しまくっていたら、日本軍との混血児もたくさん生まれていたはずだし、そもそも慰安所も必要がなかったわけで、そんな本質的なこともわからない著者がまとめたものを紹介するのも気がひけるが、一体どの程度のものか読者に知っていただくために抜粋をする。

南京大虐殺記念館はホロコースト博物館のパクリ！

リッグ氏は２０１９年に南京大虐殺記念館を娘と一緒に訪ね、その時の描写をこう書いている。

私たちの目の前には忘れられない光景があった、それは無秩序な集団墓地で、日本が持つ残虐性の証拠であった。無数の頭蓋骨には残虐行為の跡があり、幾つかは重い物の重みで砕け、一方では間違いなく銃弾の傷跡があった。（略）日本人は〝世界を血で染めた〟のであり、遺骨を吸収した大地と混ざりあった骨壺が並んでいた。私たちが前進するにつれ、足元の大地が追悼で叫び出すので、歴史の重みが私たち（リッグ氏と娘）に圧し掛かった。

南京駅から車で約20分の郊外に、ユネスコ記憶遺産登録のため、３倍に拡大されてリニューアル・オープンした南京大虐殺記念館があり、私もかつて取材したことがある。隣接する広場には次々大型バスがやって来、課外授業の小中学生や、観光気分の中高年の団体を吐き出す。そして入場するには、手荷物すべて預けねばならず、カメラの持ち込みは厳禁で、空港と同様の金属探知機のゲートまである。

展示館にはこんな説明書きが随所にある。

1937年末から38年初にかけて発生した南京大虐殺は、20世紀におけるもっとも暗黒のページであり、人類文明史上の大災禍である。日本軍は南京攻略後、城外の村から城内の主要幹線道路、路地まで、いたるところで虐殺を行い、兵士、市民、老若男女、妊婦、児童をとわず、僧侶、尼僧さえも見逃さなかった。殺人手段は射殺、斬殺、刺殺、生き埋め、焼き殺し、溺死などあり、殺人競争までも出て悪事の限りを尽くした。これは人類文明史上もっとも暗いページであった。しかも同じ時間内に南京市内では2万件以上の婦女暴行があった。

ところで、リニューアルの目的は、以下の文章に如実に表れている。〔**人類史上一番暗いところであっても、人間性の輝きもある。20人の西洋人は、南京国際安全区を成立し、20万人の南京市民を保護。日本軍の銃剣に直面して、難民の生存のため活動し、感動させる人道主義の楽章を創作した**〕。20万人の市民しか居なかったのに記念館の表には30万人と記されているのはなんとも解せないが、この説明文は、現在、中国政府が新たに進めている「南京抗日航空記念館」の建設意図と繫がる。

というのも、この「抗日航空記念館」の展示の中心になるのは、クレア・シェンノートというアメリカの退役軍人と彼が率いた「フライング・タイガーズ」。シェンノートは1

930年代の後半に蔣介石・国民党の軍事顧問に就任、「フライング・タイガーズ」を組織する。この部隊は表向き、義勇軍となっていたが、実際は正規の米空軍兵士で、演出したのは、日本をアメリカとの開戦に誘い込もうとしていた米大統領ルーズベルトと宋美齢だ。そして記念館は米空軍をフレームアップするのみならず旧ソ連軍支援も展示し、〝米ソは中国の同盟軍であった〟と世界にアピールしようとしているのだ。

リニューアルの3年前に発表された中国政府肝いりの反日コミック『論日本』でも「フライング・タイガーズ」は取り上げられており、「ソ連とアメリカの中国援助義勇軍の貢献は、国際反侵略戦争連合の不滅で壮麗な詩篇のようであった」と賛美している。この建設予定地は台湾国民党の精神的シンボル孫文陵の敷地内。中国は反日を単に国民の不満を逸らすだけの道具ではなく、対米関係、台湾統一問題にも利用しようと考えはじめているのだ。

こうした認識で、記念館の展示物を見ていくと、既に捏造と判明した南京虐殺の「証拠写真」もさることながら、歴史歪曲に誘導するための涙ぐましい努力が散見される。例えば、新館の最後のところには、真っ暗な一角に巨大な砂時計のようなものがあって、12秒間に1回水滴がしたたり落ち、それが増幅され、ゴーンという不気味な音が鳴り響く。そして、「これは南京で人々が30万人も虐殺された間隔の再現である。1回鳴るごとに1名の命が失われた」という解説が入る。

この演出、ハテ？　どこかで見たことがあるな？　と思ったら、イスラエルのヤド・バシェム（ホロコースト資料館）の、ユダヤ人の命が消えた間隔を思い起こさせる仕掛けと同様のものだ。他にもメディテーション・ルームという祈りの部屋や、写真の展示の仕方等、細部にわたってホロコースト記念館と酷似している。そういえば中国の教科書にはアウシュビッツの写真と、731部隊の生体解剖とされる写真（実際は通州事件で中国兵に虐殺された日本の民間人の検死写真）が、何の脈絡もなく並列に挙げられ、あたかも日本軍の行為とホロコーストが同列であるかのような印象操作がなされている。

毛沢東も蔣介石も南京大虐殺に触れていない

南京大虐殺記念館を出ると、私は大きく深呼吸をした。入場料が無料なので館内には見学というより単に暖をとりにきた貧しい身なりの人達もひしめきあい独特の臭いが充満していたからだ。目の前にはスラムが広がっており、お尻丸出しの幼児が寒空の下で遊んでいた。

中国の赤ん坊のズボンは田舎にいくと、しゃがんでそのまま用を足すことができるようにと、パックリと切れ目が入ったものが多い。道一本隔てて、片や超近代的な虐殺記念館、片やスラムの対比が、まさに〝頭隠して尻隠さず〟の北京政府を象徴するようで、思わず苦笑したが、心の底には重く苦いしこりがいつまでも残っていた。

第一、戦後、毛沢東は一度たりとも〝南京大虐殺〟などという言葉を口にしていないし、当時、南京にいた蔣介石にいたっては、国民党の外国人向けに３００回もの記者会見を開いたが、ここでも南京大虐殺について触れていない。

では何故、南京大虐殺などというフィクションが戦後80年近くもたって一人歩きするようになってしまったのか？　それは中国の歴史と日中関係の互換性を振り返ることによって見えてくるものがあるし、リッグ氏やアイリス・チャンを責める前に日本からどのように発信されていたのかという検証を最初に行いたいと思う。

中国共産党の国家戦略はある一定のパターンがある。１、共産党が同胞を虐殺する。２、その罪を緩和するため、日本に友好のカードを切る。３、日中友好と同時に国内では反日政策を徹底させる。

最初の虐殺は１９５０年代から60年代にかけて起こった毛沢東の大躍進で数千人が餓死し、60年代後半からの文化大革命では数千万人が虐殺された。そこで72年に日中国交回復がなされ、お祭りムードを盛り上げた。

と同時に、同年、朝日新聞に本多勝一氏の『中国への旅』の連載が始まり、日本のメディアで〝南京大虐殺〟が初登場。最初の一報は中国ではなく、敵側の口（日本人）からの情報発信という形で、情報戦の基礎をしっかりと固めている。もちろん情報源の信憑性の検証もなされぬまま、北京政府のプロパガンダを垂れ流して書かれたものだ。

85年に南京大虐殺記念館が建設され、ここは２００７年末には3倍もの拡張工事が行われ、本多勝一の写真などは撤去された。

次の虐殺は89年の天安門事件。中国人でさえ〝天安門虐殺〟と呼ぶこの事件は、諸外国からも厳しい批判に晒され、世界中に蔓延する反中ムードを緩和するために天皇訪中が画策された。と同時に、江沢民の反日政策により中国全土に二百数十ヵ所もの抗日記念館が建設され、旧日本軍の残虐性を示す偽写真や蠟人形のジオラマなどが展示されている。

天皇訪中を水面下で画策した外務省の谷野作太郎氏はあの売国的な村山談話や河野談話の原案作成にも関わっていたと言われている。

近年の虐殺は、何といってもウイグル、南モンゴル、チベット問題だ。近年、北京政府に抗議して焼身自殺を遂げたチベット人僧侶は数百人を超えると言われている。北京五輪の前後、１９４９年以降、チベットに侵略した中国が約１２０万人のチベット人を虐殺していたことが国際社会に知れ渡った。そこで多くの国の要人達が〝北京五輪参加見合わせ〟を表明するなど、反中国ムードが高まった。

そこで08年5月に来日した胡錦濤は〝天皇の五輪参加〟を嘆願し、再び皇室を利用しようとしたのだが、幸いなことにこの計画は頓挫。こうして中国政府はいつの時代も〝反日〟と〝友好〟のカードを巧みに使い分け、共産党失政の隠蔽工作を行い続けている。

南京大虐殺をでっちあげた黒幕たち

ここからは一体誰がいかなる目的で日本を貶める南京大虐殺プロパガンダをでっち上げたのか、追及してゆきたい。南京事件の細部にわたる検証は古くから鈴木明氏や阿羅健一氏、松尾一郎氏など歴史家が詳しく論じているし、令和2年には池田悠氏が『南京事件の真実　アメリカ宣教師観の呪縛を解く』（展転社）で完膚なきまでにプロパガンダの構造を暴いている。**〔安全区・国際委員会を設立したのはアメリカ宣教師団であり、その目的は中国軍の支援保護であった〕**と、一次資料をもとにこの本で日本国内では南京論争に終止符が打たれたと思っても間違いはない。

ちなみに東京裁判で松井大将は南京での兵士の監督不行きで死刑となったものの、検察が「南京虐殺」として訴えていた（訴因第45号）、その訴因で有罪とされた人はいなかった。従って〈南京虐殺は東京裁判で認定されていない〉と東京裁判の判決記録を丁寧に読み解いた近現代史家・細谷清氏は指摘する。少しわかりにくいので細谷氏に補足説明をしていただいた。

判決では南京で兵士による殺人・強姦があったとして、その監督不行届きの責任で松井大将を死刑にしました。とはいえ、兵士の殺人・強姦も証言によるものだけで根拠は怪しいにも関わらず、有罪となったのです。訴因55（戦争における刑法犯罪での監督責任）と45（日本軍の組織的な大量虐殺）の違いは、日本軍による組織的な虐殺があったか否かで、それを検察側・戦勝国側に圧倒的に有利なホームグラウンドでの裁判でさえ、訴因45を立証できず訴因55で裁いたのです。東京裁判で立証できなかったから、日本悪逆が必要な活動家・団体・国家はその後もそれを求めて叫び続けていますが、ないものはないのが世の道理です。

ここでもう一つ混同されている点は、戦闘下で敵兵を殺す事は犯罪──殺人ではありません。兵士が戦闘に紛れて己の利の為に他人を殺す事が戦争犯罪での殺人です。

とはいえ、細谷氏が現代の日本に蔓延する歴史認識を〝タコ壺史観〟と耳に痛い指摘をするように、こういった観点は国際社会に浸透しておらず、むしろ『ジャパンズ・ホロコースト』のようなプロパガンダが残念ながら主流だということも事実だ。

ともあれ何故アメリカ宣教師がそのような反日プロパガンダを行い、現在にいたってもそれらのプロパガンダがより悪質なものとなって継続しているのか、そのへんを探るのが本著の目的だ。

アメリカ人宣教師の姑息な反日プロパガンダ

南京事件については前述した通り、多くの識者がプロパガンダの嘘を暴いているが、基本的な概略を説明させていただく。

南京に関しては2020年に発刊された池田悠氏の『一次資料が明かす　南京事件の真実　アメリカ宣教師史観の呪縛を解く』の一読をお勧めしたい。おびただしい死体の山や80歳の老女まで強姦されたといった作り話は宣教師から発せられたものを外国人記者が世界に打電され、日本軍の残虐行為というプロパガンダが既成事実化されていったもの、ということを丁寧に解読している。

国民党の蔣介石と妻の宋美齢はプロテスタントだった。アメリカ人宣教師は布教拡大の意図も含め、中立・非軍事地域と看板を掲げながら実際には水面下で中国軍を支援する詐欺的行為を行っていたという。

鍵となるのは国民党の蔣介石夫妻だ。蔣介石の妻、宋美齢の父はメソジスト教会の宣教師で、のちに浙江財閥の創始者として大富豪となった。宋美齢といえばヒラリー・クリントンが卒業したアメリカのウェルズリー大学を卒業し、1943年にアメリカ連邦議会で日本軍による中国爆撃を涙ながらに訴えたり、ルーズベルト夫妻と懇意になるなど、反日プロパガンダ活動の急先鋒だった。シナ事変から第二次大戦におけるアメリカの対日戦略に日本にとって著しく不利となる影響を及ぼした人物だ。

宋美齢との結婚承諾の条件として蔣介石はクリスチャンに入信することが求められていたので、蔣介石は1930年に上海のメソジスト教会で洗礼を受けている。こうして国民党のトップと中国のアメリカ人宣教師たちの固い絆が結ばれ、その結束が反日プロパガンダに向かうこととなったのだ。

南京事件当時、南京に居残り、避難民保護を目的に掲げた「安全区」を設立・管理する「国際委員会」なる組織を立ち上げた欧米人グループの多くを占めていたのはプロテスタント系のアメリカ人宣教師たちだった。

在中プロテスタント教会と中国政府との関係は事件の半年以上前の昭和12年5月6日、上海で開催された全国基督（キリスト）教連盟総会における蔣介石による建国を目的とした政治運動『新生活運動』への支援決議に残っており、その延長線上に南京での宣教師らの行動があったと池田氏は指摘する。

何故アメリカ人宣教師が虚偽で日本軍を貶めねばならなかったのか？

日本軍の南京市民に対する恐怖支配があまりにも激しかったために、外国人による安全区の治安維持と食料供給を止めるわけにはいかなくなったのではなく、中国兵を保護するためには、管理下にある安全区国際委員会を維持することが必要であり、宣教師たちが安全区国際委員会を存続させる名目を得るために、日本軍の南京市民に対する恐怖支配を作り出したのである。これがアメリカ人宣教師たちが南京事件を発信した一番の理由である。

盲点は１９３７年11月19日に戦闘中の市民保護を目的として掲げた南京安全区を設立・管理する「国際委員会」だった。上海の安全区をまねて作られたものだが、日本軍は南京の安全区を承認しなかった。何故なら国際委員会というからには多国籍で公正中立なイメージを彷彿とさせるが、その主体はプロテスタント系のアメリカ人宣教師たちで、驚くべきことに、安全区の中に中国の武装敗残兵を匿っていたのだ。

武装敗残兵の素行の悪さはアメリカでも報じられている。

この逃亡兵たちは南京で掠奪したことや、また、ある晩は難民キャンプから少女たちを暗闇に引きずり込み、その翌日にはその犯罪を日本兵のせいにして避難していたことも自

白した。（1938年1月4日ニューヨーク・タイムズ）

中国兵の犯罪を覆い隠す南京事件。日本軍による恐怖政治を作り出し、宣伝することはもちろん、中国軍への側面支援になるが、さらに中国兵の犯罪を覆い隠す効果もあった。

潜伏敗残兵とアメリカ宣教師団の安全維持への共同作業

1. 安全区内に中国兵が潜伏し、犯罪を犯す。
2. その犯罪をアメリカ宣教師団が日本軍による犯罪であると指摘、非難する
3. 同時に日本軍の犯罪を防ぐためだと、宣教師管理課にある安全区の必要性を主張した結果、安全区が維持され、引き続き安全区内に中国兵が潜伏し、この悪循環を日本軍は1938年2月半ば、強制的に安全区から市民を帰宅させ、解放させることでようやく断ち切ったのである。

（池田悠氏『一次資料が明かす　南京事件の真実』）

更に宣教師たちはその存在を隠蔽するかのごとくドイツ人でシーメンス社のジョン・ラーベ氏を国際委員会の委員長にまつりあげ、ラーベをプロパガンダのスポークスマンとして活用。まるで在米華僑の抗日連合が会長を白人のピーター・スタネク氏にしているのと同類の手口だ。そして私がサンフランシスコのソノマ大学の抗日式典で取材した抗日連合副代表イグナシアス・ディン氏が大事に胸に抱えていた資料は『外人目睹中之日軍暴行』

だった。

これは国民党の『中央宣伝部国際宣伝処工作概要1938年～1941年4月』の中国国際宣伝処の対敵宣伝科工作活動概況に『外人目睹中之日軍暴行』は、国際宣伝処が編集印刷した敵対宣伝書籍であると明記されていたものだ。戦後80年近くたっても当時のプロパガンダ本をディン氏のような活動家らが堂々と活用していることに眩暈を覚える。

当時、中国側が出版した反日宣伝書籍で主だったものは、ティンパリー『戦争とは何か』とスマイス宣教師の『南京地区における戦争被害』がある。この2冊に関し、国民党宣伝処の所長を務めた曽虚白氏は〔**我々はまず金を使ってティンパリーとティンパリー経由でスマイスに依頼して、日本軍の南京大虐殺の目的記録として2冊の本を書いてもらい、印刷刊行することを決定した**〕と自白している。

命がけのアイリス・チャン死因究明取材

つまり南京事件プロパガンダは、国民党と米国の宣教師の合作であり、戦後中国共産党が外交カードとして対日カードを切るために利用したものだ。

余談になるが今になって思えば、以前チャンネル桜の取材班と一緒に行ったアイリス・

チャンの死因究明の取材は命がけだった。彼女の死因についてはソノマ大学で開催された抗日式典に参加していたアイリス・チャンの父親に取材した際、自分の娘に起こった悲劇を、まるで他人事のように「鬱ぎみだった」と判を押したようなコメントをしたことに妙な違和感を抱いたのだ。娘を失った父親としての感情が1ミリも伝わってこない。まるで父親であろうとも真相究明はタブーなのか?

彼女が暮らしていた家は緑豊かな中産階級の住む一戸建てで、犬の散歩をしていた夫人に尋ねると「昔小さな男の子を連れていたけど最近見かけない」というので「以前に自殺した」といったら目を丸くして驚いていた。隣人であっても知らないとは当時あまり大ニュースになっていなかったのか?

チャンが拳銃自殺をした貯水池の現場にも足を延ばした。最愛の2歳の息子を遺して、明け方に一人で車を走らせ、国道からそれた貯水池で銃口を口に入れて自殺を試みたという筋書きにうなずく女性はどのくらいいるだろうか? しかも顔面がつぶれる自殺手段を……。

この取材の最中、たまたま体調を崩して夕方からの取材をホテルで休ませてもらっていた夜のことだ、ホテルに戻ってきた取材班がゲッソリとした顔で「信号停止していたら、いきなり後ろから車に突っ込まれて、打ち所が悪ければ死んでいました」という。幸い軽傷で済んだが、あまりに不自然な事故で、取材班はその夜寝れなかったという。

日本に帰国する前日、私はフーバー研究所の資料室を訪ねた。おどろいたことに、資料室の片隅にアイリス・チャンの等身大の銅像が置いてあるではないか。無言の銅像が何かをこちらに訴えかけているような気がしたが、彼女の声を聞くことはできなかった。ただ、『レイプ・オブ・南京』でチャンは例の南京安全区国際委員会メンバーの遺族などにも取材をしていたことが判明している。

享年36歳。『レイプ・オブ・南京』を出版してから7年後に旅立った時、彼女はバターン死の行進などの取材に取り掛かっていたという。一連の反日プロパガンダ本の執筆、自分が陥らされた大きな謀略の手口に気が付く前に、口封じで何者かによって〝自殺〟させられた可能性はいまだにぬぐいきれない。

洋鬼子と呼ばれていたキリスト教宣教師たちの末路

南京事件に関し「日本人も宣教師の実像が見えなかった。情報戦に負けたのです」と総括する池田氏の分析を重く受け止め、ここからシナにおける宣教師の遍歴と暗躍を探ってゆこうと思う。

なにしろ慰安婦や徴用工といった歴史戦のみならず、原発の処理水問題も海外に「汚染水」とたきつけてまわっているのは新宿区にあるキリスト教関連団体であったり、反天皇運動など現在進行形で彼らの反日活動は続いているからだ。

清朝におけるキリスト教宣教師の悲劇に関して興味深いエッセイを香原一勢氏が１９８６年に『日本歴史』で紹介しているので、簡単に紹介したい。清朝が公にキリスト教宣教師の入国を許したのは、１８６０年の天津条約だった。

この条約の中には西洋人を〝夷〟と言わぬというようなことまで書かれ、以来さすがに公文書には夷と書かなくなったが、民衆は洋鬼子という語を用いるようになった。それのみでなく、この海から来た紅色碧眼の化け物は、子供の目玉をえぐって写真機を作るとか、心臓を取って魔法の薬にするというような流言が行われ、ついにこうしては置けぬ、彼らが多く入り込まぬうちにやっつけてしまえばならぬということが、誰かれと言うとなく言われてきた。そして次に条約締結後、10年後の1870年7月21日北支を震撼させたいわゆる洋人虐殺の大惨事となった。

真偽は確かめようがないが、同様の記録はヨーロッパでもユダヤ教の儀式として行われていたとか伝承が残っている。もちろん怪談に尾ひれがついたものと思われるが、火のないところに煙は立たないので、一部の宣教師が幼児誘拐などなんらかの犯罪行為に手を染めていた疑いはぬぐいきれない。現に長崎のイエズス会宣教師たちだって日本人を奴隷として海外に売り飛ばしていた過去があり、それに憤って豊臣秀吉が伴天連追放令を出したのは有名な話だ。

(当時)日清戦争におけるシナ兵は実に弱いという風に日本人の間には考えられていた(その真偽は別として)、その中で支那北洋艦隊全滅の責を一身に負って死んだ丁汝昌と平壌の左賓貴将軍の勇闘ぶりは、日本人をして襟を正さしむものがあった。

そして左将軍は太平天国の乱の平定に従軍したのち、奉天に滞在し、匪賊の討伐に精をだしていたという。

左将軍の軍隊の出発した後に、その後続部隊として奉天に入ってきたのは吉林方面で駆り集めた無訓練な、しかも素質の悪い軍隊、否、無頼の徒であった。彼らは界隈の店舗をかすめ、女子に対して暴行するという乱暴狼籍の限りを尽くしたので、彼らが通る時には街は戸を閉ざし、百姓は田畑から姿を消した。彼らは戦争をただ外国人を殺しに行くこととしか考えなかった。それは将校でさえそうであった。狩猟に行くくらいにしか考えていなかった。したがって、外国人を一種の獲物とし、見つけ次第殺せば良いと考えていた。いわば匪賊征伐である。

ここで描写されているのがシナの駆り集めの軍隊の姿であった。おそらく南京安全区にキリスト教宣教師たちが匿った中国軍も似たり寄ったりのレベルで、現場で乱暴狼籍の限りを尽くそうとし、それを日本軍が阻止したにもかかわらず彼らの蛮行を宣教師たちが日本軍の犯行にでっちあげたのだと思わずにはいられない。何故なら日本軍には厳しい軍規があり菊の紋章が入った皇軍の証である銃剣を携帯していたわけで、どちらが匪賊なのかわからないような寄せ集めの中国兵とは一線を画していたからだ。

ともあれ、この中国軍は遼陽で隊をなして市中徘徊し、説教堂を見つけ、あわててその場にいたキリスト教宣教師ジェームズ・ワイリーは逃亡を試みたが途中の道で見つかって中国の軍隊に捕らえられ、**〔彼は打撲と裂傷に瀕死の状態で路上に投げ捨てられた〕**という。結局ワイリーは6日後に天国に召され、この事件があってから数日、外国人を保護すべしという勅命が宣布されたという。これをきっかけとして、満洲のキリスト教は予想外の早さで広まることとなった（『日本歴史』86年8月号』）。

集団でリンチされたアメリカ人宣教師の死の代償に布教が拡大したとはなんとも皮肉な話だ。

プロパガンダの奥の院・米大使ジョン・レイトン・スチュアート

『ジャパンズ・ホロコースト』の第5章「南京のレイプ」の中身を紹介する。

第二次世界大戦における日本の都市征服の残忍な本質は、「南京での強姦」として知られる残虐行為を構成する恐ろしい出来事によってはっきりと示されている。1937年7月から1938年3月にかけて、日本軍は上海から南京まで、言葉では言い表せない暴力の波を解き放った。犯された犯罪の規模は計り知れず、少なくとも30万人の中国民間人が惨殺され、8万人以上の女性が強姦の対象となった。

イェール大学の高名な歴史家ジョナサン・スペンスは、南京での出来事を「近代戦争の中で最悪の一つに数えられる『恐怖と破壊の時代』だった」と正確に描写した。中国人の意識では、ユダヤ人にとってアウシュヴィッツが同じくらい重要であり、「今でも帝国軍の獣姦の象徴として存在している」。

リッグ氏が引用したジョナサン・スペンス氏を調べると興味深いことがわかった。彼は「史景遷」という中国名を持ち、1993年から2008年までイェール大学の歴史学の教授だった。そして北京大学の客員教授、南京大学の名誉教授であり、イギリスのオックスフォード大学やケンブリッジ大学からの名誉フェローにも選ばれている。

スペンス氏は「文化大革命や大躍進で少なくとも7000万人を死に追いやった」といわれる毛沢東を「20世紀の偉大な指導者の一人」などと発言したことがある。このような媚中偏向学者が英米では〝中国史研究の第一人者〟として広く知られており、驚くべきことに2004年から2005年にかけてアメリカ歴史学会の会長を務めているのだ。こういった流れも米国で南京事件の反日プロパガンダに終止符が打てない理由の一つだ。

更にスペンス氏のルーツを調べていくと、興味深いことが浮かび上がってきた。スペンス氏は大学院時代に清朝の学者である方超英・屠連哲夫妻に私淑している。この夫妻が出会ったのが今は亡き北京の燕京大学（現在の北京大学）だった。更に、方超英の師匠である洪暁明は、中国を代表する歴史学者として燕京大学とハーバード大学で教鞭をとり、ハーバード・燕京研究所の設立に尽力している。

1921年から1922年にかけて、洪はメソジスト監督教会の海外宣教委員会の中国人秘書を務め、全米各地で100回以上の講演を行っており、アメリカ歴史協会とベルリン教会歴史協会にも入会している。

1919年に開校した燕京大学は、ジョン・レイトン・スチュアート学長の指導の下、中国を代表するキリスト教大学となることを目指していた。洪はスチュアートが採用した西洋で教育を受けた最初の学者の一人で、洪に大きな影響を及ぼしたのが燕京大学の初代学長ジョン・レイトン・スチュアートで、彼は宣教師教育者であり、彼は燕京大学初代学長を務めている。

私は南京事件プロパガンダの司令塔の奥の院はスチュアートではないかと推測する。その根拠を述べる前に、米中が彼をどう評していたのか紹介したい。

20世紀前半の米中関係において非常に重要な人物といわれたスチュワートを、タイム誌は「おそらく中国で最も尊敬されているアメリカ人」と評している。ところがこれとは正反対のスチュアート評をなんと毛沢東が１９４９年８月18日にアメリカ国務省の対中国白書へ呼応するかたちで「さらば、レイトン・スチュアート！」という大変興味深いエッセイを発表しているので少し長いが紹介させていただく。

レイトン・スチュアート

１８７６年に中国で生まれたジョン・レイトン・スチュアートは、常に中国におけるア

メリカの文化侵略の忠実な代理人だった。（略）１９４６年７月11日、彼は駐中国アメリカ大使に任命された。１９４９年８月２日、中国人民革命の勝利を阻止しようとするアメリカ帝国主義のあらゆる努力が完全に失敗したため、レイトン・スチュアートはひっそりと中国を去らなければならなかった。

スチュアートは１９４９年８月２日に米国に呼び戻され、１９５２年11月28日に正式に大使を辞任した。彼は30年後に両国間の外交関係が再開されるまで大使職に就いた最後の人物となった。

（スチュアートは）米国と中国の両方を愛しているふりをして、かなりの数の中国人を騙すことができた。（略）中国を米国の植民地にする戦争、すなわち米国が資金と銃器を提供し、蔣介石が米国のために戦う兵士を提供し、中国人民を虐殺する戦争は、第二次世界大戦以来、米国帝国主義の世界侵略政策の重要な構成要素となっている。（略）さらに、蔣介石の内戦支援を始めた当初、米国が国民党と共産党の対立の仲介役を務めるという粗野な茶番劇が演じられた。これは中国共産党をなだめ、中国人民を欺き、戦闘することなく中国全土を支配しようとする試みだった。和平交渉は失敗し、欺瞞は失敗し、戦争の幕が上がった。

私は毛沢東も相当な独裁者だと思っているが、その毛から和平仲介は茶番劇で実際には対立を促進させる米国の手口を激しく糾弾していることに関してはうなずいてしまう。
米国は資金と銃を供給し、蔣介石は米国のために戦って中国人民を虐殺し、「共産主義者を滅ぼし」、中国を米国の植民地にするための兵士を供給し、米国が「国際的責任」を果たし、「中国に対する伝統的な友好政策」を遂行できるようにする。国民党は腐敗し、無能で、「士気が低下し、不人気」であったにもかかわらず、米国は資金と銃器を供給し、戦わせた。この状況は今や終わりを迎えつつある。彼らは敗北した。彼らを攻撃するのは我々であり、彼らが攻撃するために出てくるのではない。彼らはまもなく終わるだろう。（略）人民解放軍が揚子江を渡ると、南京のアメリカ植民地政府は慌てて逃げた。それでもスチュアート大使閣下は、新しい看板を掲げて商売を始め、利益を上げようと、目を丸くしてじっと見守っていた。（略）中国には依然として、アメリカについて混乱した考えや幻想を抱いている知識人やその他の人々がいる。だから、彼らに事情を説明し、説得し、教育し、団結して、彼らが人民の側に付いて帝国主義の罠に陥らないようにしなければならない。（略）
長くなったがアメリカの宣教師を尖兵とした中国大陸介入の野望と手口が毛沢東の言葉に集約されているので、是非ともこの記録はリッグ氏にも読んでいただきたいものだ。
つまり日本が戦後闘ってきた南京大虐殺というプロパガンダは「南京のアメリカ（キリ

スト教宣教師）植民地政府」との闘いが原点であるということだ。今からでも遅くはないので中国共産党は、毛沢東のこういった文書や、アメリカ人宣教師の工作を南京大虐殺記念館で展示し、中身をリニューアルすべきだと思うが、実際にはこれら宣教師を人道主義者などと持ち上げているのだから、本末転倒だ。

ちなみに作家の百田尚樹氏はXで〔**1980年代、日本社会党の委員長・田辺誠は中国に南京大虐殺記念館を作るように再三要求。金がないという中国に対して3000万円を提供して作らせた**〕と指摘している。田辺氏のアクションがどこまで本当なのか、私もなかなか裏どりができずにいるが、中国が当初、南京がかつて敵対していた国民党とアメリカによる皮肉なプロパガンダの置き土産であることを熟知していたので、南京大虐殺キャンペーンに積極的でなかった理由を鑑みると辻褄が合う話だ。

ウッドロウ・ウィルソン米大統領の支援で活躍

そして、中国侵略の手先と手厳しく喝破されたスチュアート氏とはいかなる背景を持つ人物であるのか探ってゆこう。

スチュアートは1876年6月24日、中国杭州で、米国出身の長老派教会宣教師の両親のもとに生まれた。スチュアートの母親メアリー・ホートンは中国で最初のこの種の学校の一つである杭州女子学校を設立している。

スチュアートは後に浙江大学となる杭州長老派教会学院の設立に携わっていることから親子で中国に教育機関を設立したわけで、そういった資金力はウィルソン政権と浙江財閥との絡みもあったのであろう。

1908年、スチュアートは南京神学校の新約聖書文学と聖書解釈学の教授になった。中国での彼の宣教活動はワシントンDCにあるウッドロウ・ウィルソン米国大統領の教会によって後援され、スチュアートは帰省休暇中にホワイトハウスのウィルソンを訪問している。スチュアートの家族はバージニア州スタントンのウィルソンの家族と密接な関係があり、そこでスチュアートの父ジョン・リントンはウィルソンの叔父にちなんで名付けられた。

ウッドロウ・ウィルソンは第28代アメリカ大統領で1919年にパリ講和会議で日本が人種差別撤廃を提案し、11対5で賛成多数にもかかわらず、米英が強引に潰したことは有名な話だ。『ジャパンズ・ホロコースト』ではリッグ氏が日本人が人種差別主義者であることを印象付けようと涙ぐましい努力をしているが、こういった史実とどう整合性をつけるのか説明願いたい。

金融に関して大きな変化があったのはウィルソン大統領が就任した年に、ＦＲＢというアメリカの中央銀行制度が創設されたことだ。１９１３年12月23日にモルガン、ロックフェラーなどが出資し、株主はロスチャイルド系銀行、ロックフェラー系銀行とか英米の金融資本家。

又、ウィルソン大統領時代に、ユダヤ系の判事が誕生している。別にユダヤ人が判事になるのが悪いと言っているのではなく、その判事が誕生した背景に疑問を呈する人は多い。何故なら不倫の弱みを握られていた輩につけこまれたというのだ。ウィルソンがプリンストン大学の総長時代に関係を持っていた不倫相手の息子の金銭トラブルに母親の代理人として彼を訪ねてきたのが大物のユダヤ人だった。

その名はサミュエル・ウンタマイヤー弁護士で米国ユダヤ人委員会委員長、米国ユダヤ人愛国者連盟会長など歴任している。彼は不倫相手の息子の莫大な負債をウィルソン氏がカバーできないのを知りつつ、取り引きをもちかけ、負債を処理するかわりにヤコブ商会の顧問弁護士だったルイス・ブラウンをアメリカの裁判史上初のユダヤ系判事に押し込んだのだ。

ちなみにルイス・ブラウンはパレスチナにイスラエル国家を建設するという理想をかかげるシオニストであり旗振り役であった。そこから悪名高きパルフォア宣言につながるのだが……。まさに真偽は定かではないが、現代のイスラエルのハニトラ機関などと指摘されるジェフリー・エプスタイン事件を彷彿とさせるストーリーだ。

ともあれ、ウィルソン大統領の任期が１９１３～１９２１年で燕京大学が開校したのが１９１９年だから、燕京大学はウィルソン政権の支援があったと考えてもおかしくはない。

１９１９年1月、スチュアートは燕京大学の初代学長に就任し、清華大学の理事会にも参加し、前述したようにハーバード・燕京研究所の設立に尽力し、プリンストン大学、ウエルズリー大学、ミズーリ大学とも提携関係を結んでいる。このことから米国の名門大学との提携をもとに米中双方のアカデミックな世界への浸透工作を試み、要となる歴史学会を掌握し、時にプロパガンダの舞台として大学を利用していたことが窺い知れる。

当然ながらアメリカの中国侵略の野心を見抜いていた毛沢東は１９４９年に中華人民共和国が成立した後、燕京大学を消滅させ、１９５２年に北京大学が燕京キャンパスに移転している。

ちなみにハーバード・燕京研究所といえば第1章でふれた戦後日本の弱体化をデザインしたアメリカのＯＳＳが牛耳っていたという。

確かに日本語がわからないと日本統治もままならない。そのための情報・諜報活動を行うための「マリーゴールド・プロジェクト」と呼ばれた作戦で、これを監督したのが、ハーバード・燕京研究所のエリセーエフ教授を筆頭とする米国サヨクの日本研究者と、米国共産党幹部のジョー小出（本名・鵜飼宣道）で、弟は東大法学者の鵜飼信成だったと、田中英道氏は指摘している。

気になる点として、1937年の日本軍の満洲進駐の際にスチュアートは燕京の学生とともに抗日運動を展開。日本が真珠湾を攻撃した後、日本軍は戦争が終わるまで3年8か月間、北京でスチュアートを監禁している。

日本軍の蛮行を伝えることはヘブライの預言者を思い起こさせる？

日本軍がスチュアートを監禁したということは、日本軍が宣教師やスチュアートを警戒していたことが窺えるが、何故この時点で宣教師の思惑や戦略を日本軍が見抜けなかったのか？

答えはスチュアートの自伝に隠されていた。そこには日本軍が戦線不拡大路線を切望し、様々な働きかけをしていく中で、スチュアートにも和平工作の協力を願い出ていたことが書き記されている。スチュアートも表面的には日本の和平工作に協力するそぶりを見せ、水面下で自分の密使を東京に派遣しているのだが、のらりくらりと時間稼ぎをして日本軍の弱体化を狙っていたというのが透けてみえる自伝だった。

いみじくも前述した毛沢東のスチュアート評で「蔣介石の内戦支援を始めた当初、米国が国民党と共産党の対立の仲介役を務めるという粗野な茶番劇が演じられた」と書かれているが、日本軍に対しても同様の茶番劇を演じ、和平工作を仲介するふりをして実際には国民党を支援し、南京プロパガンダを指令していたことが窺える。

例えば、日本軍による残忍な征服を観察してきたという山西省の医事宣教師ウォルター・ジャッド博士がスチュアート氏を訪ねてきた際に、日本軍の蛮行を「私でなくアメリカに伝えろ」などと助言しているのだ。

彼は学生時代に人前で話すことにある程度成功していたし、それと共に彼の魂が持つある重荷を伝えねばならないとの彼の燃える様な信念が彼の唯一の資産だった。それはヘブライの預言者たちを思い起こさせ、信仰の壮大な冒険だった。

彼が私に日本の残虐行為の事例を語り、もしもこれが野放しにされたら支那にどのような結果をもたらすかを語った時には、彼は激しく興奮した。彼が私に助言を求めたとき、私はただ、私のような人間に労力を浪費するのではなく、その熱烈な雄弁さを本国の人々に向けるよう説得するしかなかった。彼が見事にやり遂げたこの事が、彼が議会の有力議

員として支那に関して有用であり続ける道を切り開いた。当事者全員にとって幸運なことに、彼がまさに考えていた目的のための委員会が既に設立されていて、彼が（米国に）到着した時には、その委員会の人達は講演者を心待ちにしていたのだった。

スチュアート氏が背中を押して渡米させ、米国で日本軍の蛮行を伝えたジャッド博士は戦後、米国で議員となり中国とのパイプを強めた。こういった戦時宣教師スポークスマンを、キリスト教宣教師のスチュアート氏が〝ヘブライの預言者〟と表現していることは興味深い。

ヘブライの予言者、すなわち、イザヤ、エレミヤ、エゼキエル、ダニエルなどは神の使命を受け、イスラエルの民衆からの嫌悪や迫害を受けることを知りつつ、神の言葉に従い、「神に立ち返らないなら神の裁きが下る」という厳しい内容の予言をイスラエルの民衆に告げ、多くの試練に遭った。日本の残虐行為はヘブライの預言者によって世界に拡散されたわけだが、果たして彼が目撃した残虐行為はどこまでが本当でどこまでが創作話なのか、そこに戦時プロパガンダがどのくらいあったのかという意味合いも含めて、さらなる検証が必要だ。

アイリス・チャンの男版ジェームズ・M・スコット

さらにフィリピンなどに関し、リッグ氏が著作で引用しているジェームズ・M・スコットの記述を紹介する。

目撃者の一人であるサン・フアンは、子供や幼児の集団が日本兵による激しい攻撃にさらされている様子をずっとしながら目撃した。何人かの兵士は母親の腕から赤ん坊を強制的に奪い、空中に抱き上げ、近くにいた兵士が銃剣で赤ん坊を突き刺した。病的な行為として、他の赤ん坊が無情にも空中に放り出され、「銃剣の先端」に引っかかり、兵士たちはサディスティックな笑いに興じた。別のケースでは、一日本兵が銃剣で赤ん坊を「捕まえた」。赤ん坊はすぐには死なず、日本人が笑いながら遊びを楽しんでいる間、苦しんでいる赤ん坊は冷たい金属の刃から逃げようとして泣きながら「手を動かしながらぶら下がっていた」。

さらにもう一つの忌まわしい邪悪の現れとして、深く憂慮すべき場面が明らかになった。船員20名が12歳の少女を強姦した後、数名が乳房を切り落とした。ある船員は、切断された臓器を拾い上げ、胸の上に置き、肩を小刻みに動かしながら笑った。別の少女は、強姦を阻止しようと戦っていたところ、船員によって頭を切り落とされた。その後、彼は首のない彼女の遺体に乗り、遺体を性的暴行した。他の者は、殺害された別の女性に屍姦をしようとしたが、死後硬直により彼女の足を広げることができなかったために実行できなかった。強姦の精神的後遺症に耐えながらも死を免れた多数の女性を含む多くの市民は、サンチャゴ要塞の壁に閉じ込められた。マニラ陥落が差し迫る中、日本軍はこの要塞の入り口を封鎖し、建物にガソリンをかけて放火し、数百人を焼き殺し、彼らの必死の叫びは燃え上がる炎にかき消された。

ともあれ、こんなトンでも記述を書き連ねた〝著名な歴史家ジェームズ・M・スコット〟とは一体どんな人物なのか？　スコット氏は２０１８年に『ランペイジ（怒りの雄たけび）』を出版しており、これが、Amazon、Kirkus、Military Timesの編集者によって２０１８年のベストブックの１つに選ばれ、ニューヨーク歴史協会によって権威あるギルダー・レーマン軍事史賞の最終候補に選ばれている。

ウィキペディアには見当たらず、著作や彼のＨＰにはこうあるだけで、あまりにも情報が少ないのは何故か？　彼に関する情報としては、「ピューリッツァー賞の最終候補者であり、ハーバード大学の元ニーマンフェローであるジェームズ・M・スコットは、『Black Snow』、『Rampage』、『Target Tokyo』、『The War Below』、『The Attack on the Liberty』の著者です。さらに、スコットは人気演説家であり、世界中の機関で戦場ツアーや講演を行っています」といったものぐらいで、実に謎の〝歴史家？〟だ。

『ランペイジ』の概略はこうだ。

ダグラス・マッカーサー元帥は、東洋の真珠を守ろうとフィリピンの首都を開放都市と宣言し、軍を撤退させた。日本軍は１９４２年１月２日にマニラを占領し、数千人のアメリカ人を検挙して抑留した。マッカーサーは間もなくオーストラリアに逃れたが、必ず戻ると誓ったのは有名な話だ。

約３年間、彼は約束を果たすこと、そして先の敗北を勝利に変えることに執念を燃やし、北へ北へと這い上がっていった。１９４５年初頭までに、彼はマニラ解放の準備を整えた。

マニラの住民は、そのころには広範な飢餓に直面していた。マッカーサーは、日本軍がマニラを放棄すると確信し、デューイ大通りで勝利のパレードを計画した。しかし、敵には別の計画があった。マニラ解放のための29日間の戦いの結果、マニラは壊滅的な破壊を受け、日本軍は民間人を残虐に扱った。ランドマークは取り壊され、家々は放火され、レジスタンスと疑われた者は拷問され殺され、数え切れないほどの女性がレイプされ、その夫や子供が殺された。最終的に、推定10万人の市民が、南京大虐殺に匹敵する凶悪な大虐殺で命を落とした。

こんな内容にも関わらず、書評は絶賛の嵐で、特に目をひいたのがこれだ。

アイリス・チャンが南京大虐殺を理解するためにしてくれたことを、ジェームズ・M・スコットはマニラの戦いのためにしてくれた。太平洋戦争でほとんど忘れ去られたこのエピソードの真相を、綿密な歴史家である著者が淡々と探っていく。太平洋戦争の最も暗い章のひとつを容赦なく語る……深く研究され、見事に書かれている。イアン・W・トール

(『The Conquering Tide』のニューヨーク・タイムズ紙ベストセラー作家)。

トール氏は海軍史家で第二次大戦における日本の真珠湾攻撃などに関する著作も持っており、２０２３年5月にメソジスト教会で講演をしている。

確かにアイリス・チャンとスコット氏の本は双璧をなすプロパガンダ本だ。『ジャパンズ・ホロコースト』でもチャンの本はちゃんと引用されている。

中国の目撃者は、日本人が10歳未満の少女を強姦し、その後剣で真っ二つに切るのを目撃した。「場合によっては、日本人はプレティーンの少女たちの膣を切り開いた…より効果的に性的虐待をするために（略）（アイリス・チャン）

あまりに理解に苦しむ記述だが、こういった変態狂気の世界は一定の読者を喜ばせるのだろうか？

シンガポールとマラヤでのレイプ、満洲でのレイプ、フィリピンでのレイプ、そしてマニラでのレイプが彼（山下奉文陸軍大将）の履歴書を埋め尽くし、彼の記録を汚した。大まかに見積もると、ヤマシタの指揮下で少なくとも35万人から45万人が彼の軍隊の手によって死亡したと考えられる。これを大局的に見てみると、ヤマシタの残虐行為は、ソビボルとマイダネクの２つのナチスの強制収容所の合計死者数（約23万人）を上回り、ヘウムノの総死亡者数（約33万人）に近づいている。

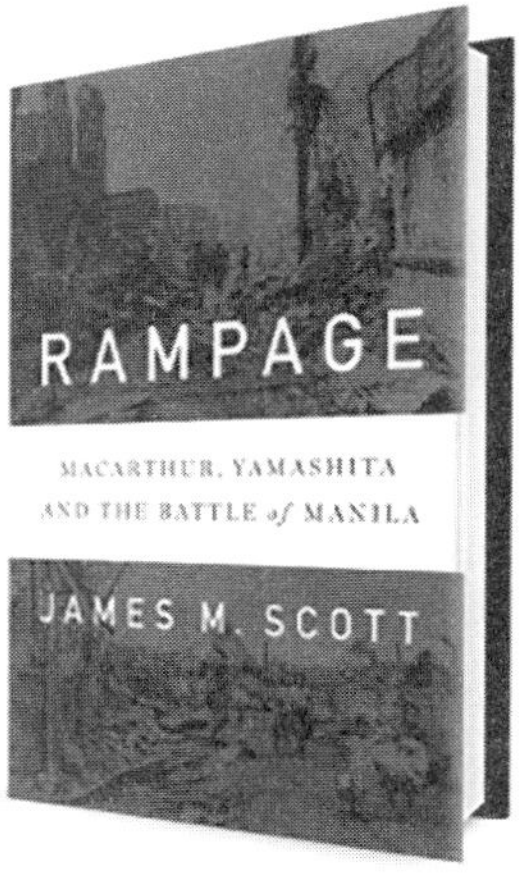

『ランペイジ』

紛争中および都市征服の余波で、日本軍は広範な強姦を行った。「10代前半から60代までの1万人以上の中国人（および外国人）女性が日本軍によって強姦または集団強姦されたと考えられている…しかし、これらの犯罪の目撃者であり、被害者に医療を提供した香港療養所・病院の院長であるリー・シューフアン博士によれば、この数字は劇的な「過小評価」であったという。

井上和彦氏が語るフィリピンの真実

『日本軍が戦ってくれて感謝しています』（産経新聞出版）、『歪められた真実　昭和の大戦（大東亜戦争）』（ワック）の著者、井上和彦氏はフィリピンの近現代史をこう説明してくれた。

井上　フィリピンの独立を封殺したのは〝アメリカ帝国主義〟です。１８９８年スペイン領キューバを巡るスペインとの米西戦争契機にアメリカ合衆国は太平洋の島々を次々と自国領に組み入れていったのです。

一方、この米西戦争をフィリピン独立の好機と捉えたフィリピン人の独立運動家エミリオ・アギナルドは１８９８年6月に独立を宣言し、翌年には初代大統領に就任しました。これで３００年以上にもわたるスペインの植民地支配は終焉し、ついにフィリピンが独立するはずだったのです。

ところがアメリカはそれを許しませんでした。スペインとの覇権戦争中にハワイを併合したアメリカは米西戦争の講和条約１８９８年12月10日（パリ条約）によって、なんとスペインからグアム、フィリピンを獲得していたのです。アメリカはフィリピンがその半年前に独立を宣言していたことを黙殺し、スペインに代わってフィリピンの新しい宗主国となったのです。

大高　そんなバカな。フィリピンは独立宣言を済ませたのに、勝手にグアムやフィリピンの宗主国なんかになれるのですか？

井上　もちろんフィリピンは激しく抵抗して、3年にわたるフィリピンの第二次独立戦争とも言うべき米フィリピン戦争が勃発したのです。フィリピンはスペインとの独立闘争が終わるやいなや、今度はアメリカと戦わねばならなかったのです。

大高　『ランペイジ』によると、米統治下のフィリピンは〝東洋の真珠〟のごとく優雅だったのに日本軍が進駐してから略奪放火強姦の嵐だったと……。山下大将は極悪人です。

井上　バカも休み休みお願いしたい。いまだに日本への復讐劇を行っているとしか思えません。『ランペイジ』の記述が真実であれば、マバラカットの東飛行場跡に建立されている神風特攻隊の立派な顕彰碑をスコット氏はどう説明するのか聞いてみたいですね。顕彰碑には巨大な旭日旗とフィリピン国旗のモニュメントを背景にした特攻隊員の銅像があり、その姿は実に凛々しく、フィリピンの人々の特攻隊に対する思いがよく表れています。しかもこのモニュメントと敷地を管理しているのは、日本人ではなくマバラカット市観光局なんです。

又、ロスバヌスにある山下大将の終焉の地に通じる道はなんと〝山下ストリート〟と名付けられ、慰霊碑の近くには大きな鳥居と立派な墓標が立ち、今も地元の人々によってきれいに整備されているのです。

もし日本軍がフィリピンで『ランペイジ』で書かれたような行動をしていたとしたら、今日に至るまでフィリピン人が日本軍の闘いを賞賛するモニュメントや慰霊碑を大事に維持するはずがありません。とっくに破壊されているはずです。人々は、それゆえに戦後各地に日本軍の慰霊碑を建立しているのです。

また、井上氏はフィリピンの神風記念協会の会長で自宅に神風ミュージアムを設けたディゾン画伯のミュージアムを訪ねた時のことを教えてくれた。画伯が描いた特攻隊員の絵は写真のように精密で上手な作品で、画伯の特攻隊に対する気持ちがひしひしと伝わってくる絵だった。

井上氏はこんなディゾン画伯の言葉を語ってくれた。

井上　ディゾン画伯は「当時、白人は有色人種を見下していました。これに対して、日本は世界のあらゆる人種が平等であるべきとして戦争に突入していったのです。神風特攻隊はそうした白人の横暴に対する力による最後の抵抗だったと言えましょう」と語ってくれました。もちろん皆が同じ考えではなく、米軍側に立って日本軍に対してゲリラとなって抵抗運動をするフィリピン人もいました。

しかしディゾンさんの言葉の真意はフィリピンの歴史が物語っています。16世紀初頭フィリピンに上陸してきたフェルディナント・マゼランを倒した英雄ラプ・ラプ王に始まり、アメリカに抵抗して日本に助けを求めたフィリピン独立運動の父エミリオ・アギナルド将軍、初代大統領などフィリピンは４００年もの間、白人の侵略と戦い続けてきたのです。

そして、大東亜戦争が始まるや、日本軍はフィリピンに上陸し、たちまち米軍最高司令官、ダグラス・マッカーサー将軍をフィリピンから追い出した。マッカーサーは部下を見捨てて、家族と側近だけを連れて安全なオーストラリアに逃避したのです。こうして在フィリピンの米軍が降伏した後の１９４３年10月14日、日本は約束通りフィリピンの独立を認めました。そして独立フィリピンのホセ・ラウレル大統領は１９４３年の大東亜会議にも参加しています。

こういった史実を前にして、日本軍をナチス以上に残虐に描こうとしたスコット氏、リッグ氏の涙ぐましい努力は、大東亜共栄圏に心を寄せたすべてのアジア諸国の人々を愚弄することに他ならない。

エプスタイン引用

https://forward.com/news/427614/jeffrey-epstein-childhood-brooklyn/

https://www.newsmax.com/newsfront/blackmail-sex-trafficking-spy-dead-men-tell-no-tales/2019/12/05/id/944738/

毛沢東のスチュアート評

https://en.wikipedia.org/wiki/William_Hung_(sinologist)

スチュアート

https://www.marxists.org/reference/archive/mao/selected-works/volume-4/mswv4_67.htm

注1：ジェフリー・エドワード・エプスタインは、在米ＮＹ在住のユダヤ人。人身売買と未成年への性的暴行、売春斡旋容疑で有罪となり２０２３年に勾留されていた施設で死亡。自殺との当局の発表を親族は否定している。２０２４年元日早々、エプスタインの裁判記録が一部公開されたが日本は北陸の地震災害と重なり、ほとんど報道されていない。なぜ欧米でエプスタイン事件がこれほど注目を集めたのかといえば、欧米の政財界で有力者・王族らに極めて広い人脈を持ち、彼らへの売春斡旋が大きなスキャンダルに発展したから。義理父との関係も含め、イスラエルのハニートラップ

機関の可能性も指摘されている。

注2：アメリカの連続殺人犯。ミルウォーキーの食人鬼との異名を取る。１９７８年から１９９１年にかけて、主にオハイオ州やウィスコンシン州で17人の青少年（黒人11人、白人３人、アジア人、アメリカ先住民、ヒスパニック各１人）を絞殺し、その後に屍姦、死体切断、人肉食を行った。その突出した残虐行為は、１９９０年代初頭の全米を震撼させた。

第5章

英国貴族ラッセル卿の正体

英国宣伝局と陸軍で暗躍し、日本を貶めたラッセル卿の正体

英国の貴族リバプールのラッセル卿の書籍からリッグ氏が引用した箇所を一部紹介する。

１９４２年にラナオ州で起きたそのような事件では、バリオが１００人の兵士によって残忍に攻撃され、驚くべき命が失われた。１年後、イロイロ州では、男性24名と女性３名が縛り付けられ、斬首された。さらに恐怖を増したのは、処刑前に兵士たちが無情にも生後３か月の赤ん坊を連れて空中に放り投げ、集団の目の前で銃剣で突き刺したことだった。この行為には、関係した日本人全員から一斉に笑い声が湧き起こった。

カナンガイでのあるおぞましい事件では、草むらで保護を求める若い女性が巡回中の日本兵に発見された。同情する代わりに彼等は「愉しみの為」に女性の服を引きちぎり強姦した。苦しみを更に与える為に、パトロール隊の隊長はサーベルを取り出し、「胸を切り落とし、子宮を切り開いた…最初は少女は悲鳴を上げたが、最終的には黙って横たわり、未だ…」。

同様な加虐的暴虐行為はマニラでもあった、巡回中に日本人の集団が、ある雑役夫（ハ

ウスボーイ）に不満を抱き、凄惨な暴力行為に走った。彼らは未だ生きていたボーイを柱に縛り付け、性器を切り落とし、「切断されたペニスを口の中に押し込んだ」。

他にも読むに耐えない記述は多々ある。

こういった記述についてリッグ氏は「言うまでもなく、これらのグロテスクな行為は彼ら（日本軍）の堕落の深さの証であり、ごくありふれたものでした」などと説明を添えている。こんな変態妄想小説の域を出ない記述の信憑性を何の検証もなく、あたかも既成事実であるかのように扱い、「ありふれた光景」などと、ラッセル卿のこの手の記述を『ジャパンズ・ホロコースト』では101カ所も引用している。

更に気になるのは1958年に出版されたラッセル卿の『武士道の騎士達』が再販を重ね2016年にも出版されているということだ。本の概略はこうだ。

これは日本の戦争犯罪に関する古典的で標準的な記述であり、当時はベストセラーとなったが、長年絶版となっていた。1931年から1945年にかけて、日本軍は敗戦国を次々と襲撃し、民間人を処刑し、都市を略奪し、捕虜を虐殺し、捕虜と現地住民を残酷に搾取した。この入念に構成された歴史書は、この残忍な破壊の広がりを記録し、個々の犯罪を客観的に検証し、日本が人道的原則を前例のないほど無視した理由を詳述している。

そして本の中には南京大虐殺やらバターン死の行進に関する米兵捕虜虐待などがてんこ盛りだ。

こんな荒唐無稽な本であっても再販されるとは、英語圏にはいまだに〝歪曲された戦勝国史観〟を継承させてゆこうとする勢力が残存していることの証に他ならない。１９５８年といえば日本は戦後13年目で56年の国連加入と、戦後復興に忙しく、敗戦国の負い目もあって知らぬが仏状態だったのではなかろうか？

本来なら外務省がきちんと検証し、史実とそぐわない部分は抗議するなり、なんらかの処置を講じるべきであった。当時はまだ第二次大戦の生き残りもいたので証言のヒアリングも可能だった。そういった作業がおざなりにされてきた結果の今日があるのは残念でならない。

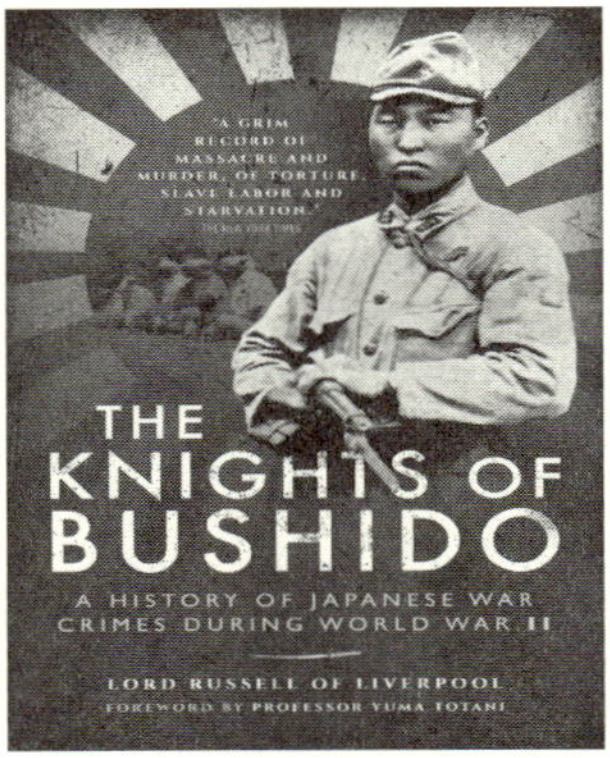

1958年版

そして驚くべきことに、表紙も新しく変えて再販された日本人の歴史学者・戸谷由麻氏の名前がラッセル卿と並んで登場し、新たなサブタイトルに『大虐殺と殺人　拷問と奴隷労働と飢餓　第二次世界大戦における日本の戦争犯罪』と追加されている。

戸谷氏の序文は以下のとおりだ。〔**『武士道の騎士**

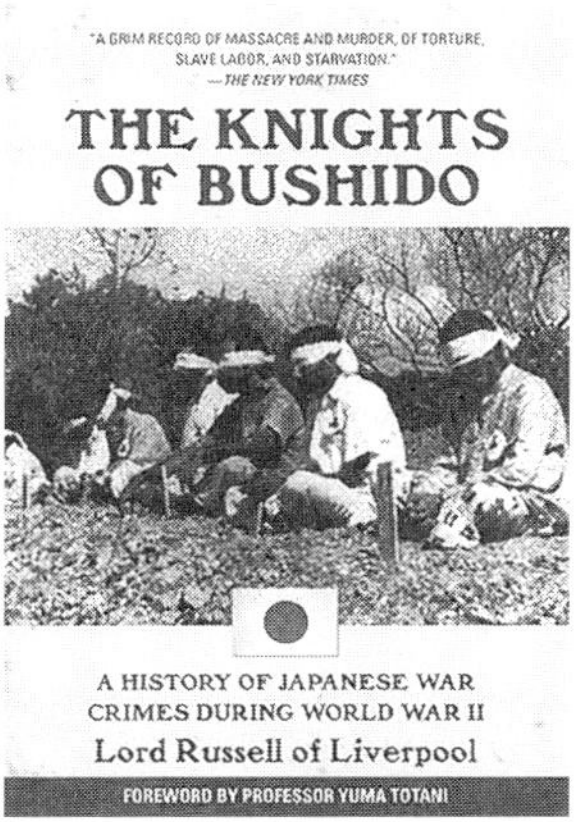

2016年版

達』（1958年）の重要性は、第二次世界大戦後の連合国の戦争犯罪活動の歴史を背景に読むと最もよく理解できます。この本の著者は、ヨーロッパと極東での枢軸国戦争犯罪者に対する連合国の検察業務に精通した英国陸軍の上級法務官、リバプールのラッセル卿です。彼の日本の戦争犯罪の記述は悲惨でしばしば信じ難いものですが、その全体は極東戦争犯罪裁判の記録に含まれる膨大な証拠資料に基づいています」

いみじくも戸谷氏が説明してくれたように、ラッセル卿は普通の英国貴族ではなく第二次世界大戦における連合国側の英国陸軍の上級法務官であったということは大変重要だ。そのような立場にあった人物が書いた書籍に対し、学者であれば再販の序文を書くにあたり「しばしば信じがたい記述」について、証言・伝聞の信憑性も含め、きちんと検証すべきであろう。そこを素通りして戸谷氏は最後にこう結論付けている。

これらの特徴により、『武士道の騎士達』は、極東国際軍事裁判所の判決よりもはるかに優れており、私の見解では日本の戦争犯罪に関する古典的なテキストとして不朽の名声を博しています。

などとこの本に太鼓判を押しているのだ。

一体、戸谷由麻氏とは何者なのか？　国際基督教大学卒業後、ロンドン大学大学院修士課程修了、2005年カリフォルニア大学バークレー校で博士号取得（歴史学専攻）。ハーバード大学エドウィン・O・ライシャワー日本研究所のポストドクトラル・フェローなどを経て、ハワイ大学教授、スタンフォード大学フーバー研究所客員研究員という経歴の持ち主だ。

東京裁判に関してはデイヴィッド・コーヘン氏と2冊の共著を持っている。コーヘン氏はスタンフォード大学「人権と国際正義のためのセンター」教授および事務局長。

果たして戸谷氏が指摘するように『武士道の騎士達』は不朽の名声を博した日本の戦争犯罪に関する揺るぎない古典的なテキストといえるのか？　追って本の中身を検証しよう。

日本ではほとんど知られていなかったニュルンベルグ裁判と東京裁判の真実

ラッセル卿は戸谷氏が紹介するように〝連合国側の検察活動に造詣が深い〟だけではなく、ニュルンベルグ裁判と東京裁判の〝主任法律顧問〟の一人だったということが、ものすごく重要だ。この2つの裁判の欺瞞性については後述するが、この裁判に関わっていた人物に日本を貶めるプロパガンダ本を出されていた経緯を、日本人は知っておく必要がある。

結論から先に言えば、東京裁判の専門家であるという戸谷氏が、東京裁判で南京虐殺は認定されていないことを知らないはずがない。にもかかわらずその部分には蓋をしたまま、ラッセル卿の記述は〝東京裁判の証拠資料〟に基づくのだから信憑性が高いといわんばかりの誘導はいかがなものか？

両裁判についての本は多々あれど、一次資料をもとに両裁判の欺瞞を丁寧に解説したものので読みやすかったのは『ニュルンベルグ裁判の完全崩壊』（加藤継志著）と『日本が闘ったスターリン・ルーズベルトの革命戦争』（細谷清著）。前著は２０２３年、後著は２０２４年と近年出版されたものだ。

極東国際軍事裁判（International Military Tribunal for the Far East; IMTFE, 通称・東京裁判）は、１９４６年5月より１９４８年11月まで戦前・戦中の日本の指導者28名を主要戦争犯罪人としてその戦争犯罪を審理した国際軍事裁判である。だが裁判は戦勝国、特にアメリカＳＣＡＰの決定的権限のもとにあり、判・検事共に中立国からは選出されないという〝勝者の裁き〟的色彩が強いものであったというのが定説だ。

こういった東京裁判批判を一蹴し、裁判の意義を再確認させる意味で、戸谷氏は関東学院大学で『東京裁判』に関しての講演をしている。戸谷氏は政治史の観点ではなく刑事事件としての分析を披露し、「個人責任の原則を認め、実践した国際裁判の先例」と強調した。しかし、東条英機元首相らA級戦犯が問われた「平和に対する罪」などは、従来の国際法になく、連合国が事後につくった罪状だった。また、原爆投下のような連合国の行為は罪に問われず、戦勝国による「勝者の裁き」との批判が国内に根強い。

一方で国際的には、ドイツの戦争指導者を裁いたニュルンベルグ裁判とともに、国際人道法や国際刑法の発展に寄与したと評価されている。戸谷氏は「国内では戦後長らく、主に政治史や外交史から研究されてきたが、国際刑事裁判史上の画期的な司法事件だった」と指摘した。

東京裁判で提起された訴因55件のうち、46件が刑法上の個人責任に言及していることを戸谷氏は重視。禁錮7年の判決を受けた元外相の重光葵の事例から、一般的に論点として定着している「共同謀議」の責任論を考察するだけでは「裁判の全貌を的確に把握できない」と解説した。

東京裁判は１９４６年に開廷し、戦争を指導した28人がA級戦犯とされ、48年11月の判決で25人に絞首刑や終身刑などの有罪が宣告された（神奈川新聞　２０１８年12月２日付）。

戸谷氏の東京裁判に関する発言や著作に関し、前述した細谷氏はこう批判する。

戸谷氏の東京裁判に関する論述はごまかしが多く散見されます。ごくごく基本的な点ですが、東京裁判は誰が開催し、誰が運営し、誰が判決を執行したのか、同氏は明らかに明言を避けている。そして東京裁判の帰趨を決定した裁判冒頭での被告側弁護人ベン・ブルース・ブレイクニー弁護人の冒頭弁論を、完全に無視しています。

戸谷氏が東京裁判で個人責任を問うた、というのであれば、これ程重要なブレイクニー弁護人の冒頭での弁論を何故取り上げないのか、不思議としか言いようがありません。

ブレイクニーは個人の責任と個人の責任外の点を分けて、戦争犯罪は個人の責任、戦争は国家の遂行で個人の責任ではない、戦争中の戦闘行為は殺人ではない、と弁じて、その後の裁判の帰趨を決めた弁論を行いました。

その弁論は検察側が出した55の訴因の内の第二分類の国家による虐殺での16の訴因を取り下げさせたとも言えます。

また南京虐殺に限って言えば、東京裁判で明かされたのは、証言だけであり、判決で南京虐殺（訴因第45）を取り上げませんでした。つまり、有罪か無罪かの判決を下していないので、東京裁判で南京虐殺は認定されていないのです。しかしながら戸谷氏は判決を下していなかった大事な点を明示していません。判決は、虐殺の証言を取り上げて色々と書きましたが、その具体的な訴因では有罪としなかった・有罪に出来なかった。ここが東京裁判の限界でした。

拙本にも書いた所ですが、裁判の主催者マッカーサーは、日本軍悪逆で裁判ショーを全世界に見せるつもりが出来なかった、判決文は負け犬（連合国）の遠吠えでしかありませんと戸谷氏の解説を一蹴した。

ちなみに東京裁判で日本を弁護したアメリカのブレイクニー弁護人は、東京裁判には正当性がまったくない、何故ならこの裁判には裁かれねばならない人物がいない。ハーグ陸戦条約が禁止する原爆投下を命令したアメリカの大統領も、原爆投下した軍人もいないではないかといった趣旨の答弁をしているが、残念ながらこういった発言を日本人が知ったのは東京裁判終了から30年後のことだ。ウェッブ裁判長は、ブレイクニー弁護人が連合国にとって不都合な弁論をしはじめた際に慌てて同時通訳のスイッチを切ったので、傍聴していた２００人の日本人はそれを聞くことができなかった。日本人は昭和58年に公開された「東京裁判」という映画の字幕によって、ようやく知りえたのだ。

更に後日談がある。１９４６年5月14日、ブレイクニー弁護人は渾身の力をこめて弁論を行っているが、その弁論は公式記録ですら残っていなかった。何故なら裁判官が速記すらさせないよう、答弁の隠蔽工作をはかったからだ。その大事な答弁が公開されたのは、2024年6月3日、戦後80年近くたっての事だ。

もしもこの裁判から我々皆が望んでいるよりも、より良い世界、より完璧な法体系が出現するのであれば、正義が蹂躙されていたと誰にも言われない訴訟手続きを踏む必要があります。このような疑わしい管轄権に基づいて設立された裁判によって、確かに我々は敗者に対する勝者の力を新たに証明はしても、正義と法への献身における我々の令名に、栄光を加えることは望めません（『日本が戦ったスターリン・ルーズベルトの革命戦争』細谷清著）。

リバプールのラッセル卿は英国戦争宣伝局の仲間だった

リバプールのラッセル卿は1958年に『武士道の騎士達』を出す前、1954年に『卍の天罰』を強行出版している。

何故強行に出版したのかといえば、当時、ナチスの蛮行を表現する写真などがたくさん使用されている本は出版にあたり大変な物議を醸したようで、英国の外務省から出版差し止めの命令が下されたのだ。その顛末についてユダヤ通信が報じているので紹介する。ラッセル卿は外務省から本の出版を取り下げるよう命じられ、その出版の1週間前に法務長官補佐の地位を辞任している。外務省は、共産主義に対する緩衝材として西側諸国からドイツを再軍備するよう促されているドイツ軍将校らを怒らせる恐れがあるとして、出版に反対したのだ。

第二次世界大戦中、フランス、北アフリカ、イタリアで上級参謀として勤務したラッセル卿は、ナチスがヨーロッパのユダヤ人に加えた拷問に深く動揺したと友人らに語っている。彼は、第二次世界大戦で連合軍の法政策の立案者としての経験を生かし、ドイツがユダヤ人に対して犯した犯罪に新たな光を当てた。彼は連合軍の戦争犯罪裁判に英国代表として参加し、ベルゼンやその他のナチスの絶滅収容所での発見を新しい本にまとめた。

（略）『卍の天罰』を検閲しようとする試みは、ロンドン・デイリー・エクスプレス紙によって「恐ろしい検閲行為」と評された。同紙は、この本は「厳密に事実に基づいており、恐ろしい歴史的出来事を冷酷に語っている。ベルゼンとブーヘンヴァルトの強制収容所、ワルシャワ・ゲットー、リディツェとオラドゥールの虐殺、そして600万人のユダヤ人の絶滅について語っている」と述べた（ユダヤ電信通信社1954年8月11日）。

『卍の天罰』がプロパガンダ本でなかったとしたら、ユダヤ通信の記事通り、英国政府の不当な言論弾圧に屈せず、出版され、真実を広めるために政府高官の地位まで投げ捨ててラッセル卿と出版を側面支援したビーバーブルック卿は、ヒーローだ。

だが、現在となっては彼らがプロパガンダのために一芝居を打ったことは透けて見える。というのも、側面支援したデイリー・エクスプレス紙のオーナーであるビーバーブルック卿は、第一次世界大戦時に英国の戦争宣伝局が〝ドイツ軍によるベルギー大虐殺〟のプロパガンダを広めた戦争宣伝局の重要メンバーだった人物だ。

ビーバーブルック卿はデイリー・エクスプレスの紙面で〝彼ら（英国政府）が禁止しようとした本〟と題し、本の中身を大々的に宣伝紹介しており、ラッセル卿もここにつながっていたことの証でもある。

デイリーエクスプレス紙が〝彼らが禁止しようとした本〟という見出しで抜粋を掲載し、問題作の『卍の天罰』はベストセラーとなった。そののちラッセル卿は、調査した戦争犯罪から私的な利益を得るために地位を悪用したとして告発されているのだから、実にたちが悪い。

『是でも武士か』――日本で出版された日独分断工作本

ラッセル卿から少し話がそれるが、『是でも武士か』という本のことを紹介したい。これは、上述した英国の戦争宣伝局に関連するプロパガンダの経緯と、いかに日本人がこれらのプロパガンダに騙されやすいのかがよくわかる事例だ。この戦争宣伝局の重要メンバーの一人がラッセル卿の著作を側面支援したビーバーブルック卿であることから、ラッセル卿も宣伝局の人間だったと推察される。

ともあれ、ドイツによるベルギー大虐殺については第一次大戦中に日本に滞在した英国人のロバートソン・スコット氏著『是でも武士か』が大正5年12月に日本語英語表記のある日英合作本で丸善株式会社で発行された。日独分断工作の狙いを持って出版されたプロパガンダ本だ。

この特殊な形式も優れているが、その宣伝内容も、他に比較するもののないほど斬新かつ強烈で、残虐宣伝 Atrocity campaign の教科書ともいうべきものである。この本の目的は、ドイツ人は条約を守らない侵略者で、そのうえ残虐きわまりない人たちだということを、日本人に強く印象づけようとしたもので、イギリスの宣伝秘密本部が日本を狙って撃

ち込んできた、恐るべき宣伝弾丸である。

ドイツの残虐非道ぶりがこれでもかと描かれており、南京プロパガンダの原点はここにある。『是でも武士か』は2024年3月にハート出版から復刻版が出され、私も解説を書いているので、興味がある方は是非ご一読いただきたい。

残念ながら日本人はこの手のプロパガンダにころりと騙されてしまう。例えば、陸軍参謀本部嘱託池田徳眞（十五代将軍徳川慶喜の孫）は**〔この一冊の本で、私のドイツ人観は一生歪められてしまった〕**と述べている（『プロパガンダ戦史』〈中央公論新社〉）。故にその斬新かつ強烈な内容から、日本の宣伝機関が対外宣伝の教科書としたのだ。外国のプロパガンダに騙されないためには残虐宣伝の技法を理解する必要がある。

池田氏は上掲書で、当時ドイツを徹底的に貶めたのはドイツ人に成りすましたユダヤ人だったという指摘をしているので紹介する。

第一次世界大戦のはじめにフランスが組織的に行ったプロパガンダで、第一に取り上げられているのが、『ジャキューーズ（「われ糾弾す」の意）』という本だ。本の内容は「戦争犯罪者としてのドイツ皇帝、ドイツ政府、ドイツ支配者階級に対する徹底的な弾劾を行っている」というもので、著者は「一人のドイツ人」となっていたが、戦後その正体が判明した。

なんと著者はリヒャルト・グレリンク博士というユダヤ系のドイツ人弁護士で、ドイツ著作家協会の法律顧問や１８９３年に設立されたドイツ平和協会の創立者の１人として副会長を務めていた人物である。この本は、はじめはドイツ語で書かれたが、まずフランス宣伝部がとりあげ、次にイギリスが協力して中国語を含む10カ国語に翻訳され、世界中に配布されたという。

続いて紹介されているのが、ヘルマン・レーゼマイヤー博士（ユダヤ人かどうか不明）で、「あるドイツ魂の叫び」と題されたパンフレットで以下のように述べている。

今日のドイツ国民を人間と見ることをやめよ。この人間の姿をした動物、このドイツの悪魔の軛の下に身を屈するよりは、死んだほうがまだましではないか。

池田氏は、他にも具体的な言論工作や、ドイツの新聞、雑誌などもユダヤ人の影響力下に置かれていたことに触れ、ドイツのプロパガンダに対する無策を以下のように評価している。

ドイツは武力戦ではまことに攻撃的であったが、それとは裏腹に、宣伝戦ではまったく受け身であった。対敵宣伝では、受動法がどんなにだめかという標本のようなものである。これが第一次世界大戦でドイツが我々に教えてくれた教訓である。

一体二十世紀とは何だったのかを静かに振り返ってみよう。二十世紀とはドイツ袋叩きの世紀だったのである。すなわち、ヨーロッパ一、ひいては世界一になろうとしたドイツとそれを必死で食い止めようとしたアメリカ・イギリスとの、国の興廃をかけての衝突だったのだ。（略）日本の世紀が来ると聞けば、欧米人はそれだけで肝をつぶすに違いない。

（『プロパガンダ戦史』池田徳眞著・中央公論新社）

現在の日本人にとっても、耳に痛い警鐘ではなかろうか。

著者のロバートソン・スコット氏は、1914年から5年ほど日本に滞在し、自由主義者で農政専門の新聞記者だと名乗っていた。本書は3万5000部も売れたのだから当時にしてはかなりの部数で、英国の後押しもあったことが想定される。

ともあれ、第一次世界大戦のドイツの悪印象はこのような人たちによって創られたのだ。そこで日本もドイツの二の舞にならぬよう、様々な角度から分析したユダヤ研究書が出されていた。だが、第二次大戦後、その手の多くの本は残念ながらGHQによって焚書にされている。

ホロコースト正史派でも認めざるをえない不都合な真実

ラッセル卿に話を戻す。そもそも何故英国貴族がドイツのみならず日本まで貶めるプロパガンダ本を出したのか？　その答えは英国情報省の通達にあった。

１９４４年２月29日イギリス情報省はイギリス聖職者協会とＢＢＣに次のような通達を行いました。

「最も有効な手段は敵国に対する虐殺宣伝である。不運なことに、世論は「死体工場」「手を切断されたベルギー人の赤ん坊」「十字架にかけられたカナダ兵」といった話が受け入れられていた時代のようには感化されやすくはない。したがって、赤軍の振る舞いから世間の目をそらすために、あなた方の協力がぜひ必要である。その協力とは本省が広めてきた、また、これから広めるであろうドイツと日本人に対する様々な告発を熱心に支持することである（Edward J. Rozek, Allied Wartime Diplomacy, John Wiley and Sons, New York 1958)。

赤軍とはもちろんソビエト共産主義軍のことです。イギリス情報省は交戦中の敵であるドイツを悪魔化するために、当面ソ連による非道行為については看過、隠蔽する方針だったことが分かります。

これに先立つ１９４２年６月と９月にＢＢＣは大々的なナチスによるガス処刑について初めて放送しています。これは「在ポーランドユダヤ労働者同盟」通称ブントによるレポートが、英国の「亡命ポーランド国民会議」のメンバーに持ち込まれ、ＢＢＣの協力を得て放送に至ったものです（『ニュルンベルグ裁判の完全崩壊』加藤継志より）。

ちなみに同著によると、ニュルンベルグ裁判で固定化された「ナチスによるユダヤ人６００万人のホロコースト」だが、６００万という数字が最初に出されたのは１８５０年のクリスチャン・スペクティター紙。これによれば世界の人口は10億人であり、そのうち約６００万人がユダヤ教徒であると記されている。ところが摩訶不思議なことに、ユダヤ人６００万が移動するのだ。

１９１１年　ロシア内の６００万人のユダヤ教徒たちが組織的な弾圧と法整備による迫害の標的となっている（ニューヨーク・タイムズ10月31日付）

１９１９年　ウクライナとポーランドの６００万人の魂は完全に絶滅されようとしている（ニューヨーク・タイムズ９月８日付）

１９３８年　ドイツにおいて約６００万人のユダヤ教徒が迫害に見舞われている（ロン

ドン・タイムズ1月22日付)

1942年　ユダヤ教徒の死者数は200万人。ヒトラーの支配地域での600万人の1/3に相当する比類なき、ホロコースト(ニューヨーク・タイムズ12月13日付)

1945年　600万人のユダヤ教徒が殺された(ニューヨーク・タイムズ1月8日付)

頭の中が疑問だらけで、私はさっそく加藤氏に取材を申し込んで数字の推移の経緯を聞いてみた。

加藤氏は言う。**〔600万人という数字は、元は「世界のユダヤ人口全体」のことでした。それが「ロシアのユダヤ人口」「ウクライナ、ポーランドのユダヤ人口」「ドイツのユダヤ人口」と次々に変更され、最後には「ナチスに殺害されたユダヤ」へと変貌して、そっくりニュルンベルグの法廷に舞い降りたのです〕**

そこで私も以前見学したことのあるポーランドのアウシュビッツで、ユダヤ人からはぎとられた衣類や靴、毛髪の山、大量の死体写真などを思い出し、その時の話をしてみた。

ところが加藤氏はこう言う。

加藤　有名な死体の山の写真は絶滅収容所でなく、ベルゲンベルゼン収容所のもの。戦争後期ドイツのインフラが連合軍の無差別爆撃によって破壊されたため、食料や医療物資が収容所に行き渡らなくなりました。そのため疫病の蔓延や飢餓によって囚人たちは大量死に見舞われたのです。ナチスの収容所の囚人たちは軍需産業を支える貴重な労働力でした。皮肉なことにむしろ収容所の囚人たちは優先して食料の配給を与えられており、ナチスは一貫して収容所の死者数を減らそうとしていました。

収容所は、あくまでも厳格な法的根拠に基づいて囚人を収容していました。ユダヤ教徒の割合が多かったのは抵抗分子に彼等が多かった結果にすぎません。ドイツは国際法に基づいて民間業者に彼等を労働力として雇用させ、一般労働者と同等の給与を払っていたのです。少なくともこの大量死が起こった責任とまでは言えずとも、主な理由は連合軍の無差別爆撃にありました。連合軍はそれにほおかむりをし、死体の山の写真を大々的にナチスの残虐性の証拠として使用しました。

ホロコースト正史派研究者たちが、あなたが見たような写真はガスなどの方法で大量殺害された死体だと主張したことは一度たりともありません。ただし、それと同時に彼らはこれらが実際には病死体であることを熟知しているにもかかわらず、それを自発的に説明することは決してありません。これらの死体がガス処刑の犠牲者なのだという一般に広がっている誤解を彼らはできる限り放置しようとしてきたのです。

大高　でも衣服や髪の毛がありましたよ。

加藤　大量の靴はソ連軍が発見した作業場の在庫品です。実証派研究者ゲルマール・ルドルフは戦後にアウシュビッツ周辺の住人たちが靴を収容所当局に提出するように命じられていたというエピソードを紹介しています。大量の髪の毛については、それが囚人の頭から刈り取ったものだったこと自体は事実ですが、それを行った目的は疫病の蔓延を防ぐため、囚人の髪の毛に住み着いたシラミを駆除することでした。つまり、この大量の髪の毛は囚人たちを殺害していた証拠ではなく、むしろその逆にナチスが囚人の健康を守ろうとしていたことを証明しているのです。

大高　でも、ガス室がありました。

加藤　ニュルンベルグ裁判でアウシュビッツの「ガス処刑室」だと主張された部屋は、全ての公式図面で「死体安置室」と明記されています。

アウシュビッツⅡの現存している「ガス室」の天井にはガスを注入する穴もなく、穴をコンクリートでつめた痕跡も見当たりません。これは正史派であるロベルト・ヤン・フォン・ベルト氏も認めています。大量の証拠書類は、一枚残らず「ユダヤ絶滅計画」とは無関係な物。むしろ、ホロコーストを否定する内容ばかり。「暗号」を使っているという根拠のない決めつけで証拠扱い。ソ連の報告書は「虐殺の証拠となる文書は見つからなかった」と記してありました。「虐殺の犠牲者の埋葬地」は、一カ所も提示されなかった。行き当たりばったりのプロパガンダは、裁判終結直後から破綻。その後何の説明もなしにホロコーストの「設定」は変更されたのです。

又、ニュルンベルグ裁判の実態は以下のものだったという。

- 激しい拷問、無罪と引き換えの取引、懐柔などで引き出される「自白」。裁判が終わった途端、別の裁判でだまし討ちのように死刑判決。
- 殆どが虐殺現場を見ていない伝聞情報と憶測による「証人」達。
- 自称「目撃証人」達は、書類だけを提出して本人は裁判には出席せず。反対尋問は誰一人受けなかった。
- 「ガス室」の天井にあったはずの「ガスが放出されるシャワー」は、裁判直後に消滅したにも関わらずこの裁判で戦前から続く「犠牲者600万人」のプロパガンダが定着した。裁判に関わっていたのは、末端から幹部まで大半がユダヤ人ということでナチスへの復讐劇裁判であった。(『ニュルンベルグ裁判の崩壊』加藤継志)

ナチスドイツが裁かれたニュルンベルグ裁判によって〝ホロコースト〟が定着し、イスラエル建国の遠因と天文学的数字のドイツの戦後賠償につながっていることは第2章で述べた通りだ。

目が点になっている私に加藤氏はこう言う。

収容所に入れられていたのは、基本的には通常の犯罪者と戦争捕虜。そして政治犯たち。現在では正義の抵抗運動として、すっかりイメージが定着しているレジスタンスやパルチザンは共産主義思想に裏打ちされた暴力集団、つまりテロリストで、その多くがユダヤ系だったことは極めて重要です。現存する収容所の記録によれば、囚人の半数ほどはユダヤ教徒で占められていたと推測できますが、それは共産主義を推進していた主要勢力が彼らだったからです。

ホロコースト正史の基本形を作った中心人物の一人がドイツ共産党青年組織最後のリーダーだったブルーノ・バウムです。彼は１９３５年に政治犯として逮捕され、１９４３年４月にアウシュビッツに移送された後、収容所内に地下組織を作り、プロパガンダ活動を始めました。電気工事士だった彼は収容所の中を自由に歩き回ることができたのが大きかったのです。

彼らはドイツの軍需産業についての情報やアウシュビッツでのナチスの残虐な犯罪についての宣伝をポーランド地下組織を介してロンドンへ無線で送ったのです。一般的な認識ではこのような人物こそ、ナチスでは真っ先にガス処刑室に送ったはずだと考えるでしょうが、驚くべきことに彼は10年間も収容所で暮らし続け、終戦後まで生き残りました。それは彼が懲役13年の刑期を終えていなかったという至極、単純な理由からです。

加藤氏の解説を聞くと、第2章で論じたフルケンシュタイン氏が指摘する「ホロコースト産業」の実態がなんともおぞましいものに思えてくる。

壮絶なリンチで自白強要。戦慄のニュルンベルグ裁判

大高　ニュルンベルグ裁判、東京裁判よりひどいですね。

加藤　ＩＭＴ（ニュルンベルグ裁判）の際はゲーリングをはじめとする被告たちは裁判の最後まで虐殺については知らなかったと一貫して主張していました。しかし、これは世界の注目が集まっていた裁判だったため、狡猾にも拷問や取引が被告たちではなく証人に対して行われたからです。

米国からも戦後の諸裁判の悪辣な手法を非難する声がいくつも上がりました。一般兵が被告となった裁判については、非人道的行為を調査する委員会が１９４９年に作られました。ＩＭＴはユダヤ人が主導したドイツへの復讐劇です。

大高　でも裁いたのは米英の連合国でユダヤ人は関係ないのでは？

加藤　ＩＭＴは建前では米英ソ仏が共同して行ったものとなっていますが、実態としては完全に米国が主導したものです。英ソ仏はドイツを悪魔化するという動機が一致してい

ため、それに乗っかったのです。しかし、そもそも現在の米国自体、巨大な富によってユダヤ勢力が政治、経済、報道、司法、映画産業を掌握しているのですが、これは既に大戦勃発前には確立していたことを理解する必要があります。

IMTに関わった人物たちは、通訳、秘書といった末端から、裁判の大枠を作り上げた首謀者に至るまで、ことごとくユダヤ人脈です。さらに驚くべきことに、IMTの後に行われた「ニュルンベルグ継続裁判」に至っては、米国国防省が明言した通り「いかなる国家の政府も権限を持っていない」ものだったのです。

これで、IMTを含めた戦後の諸裁判の「真の黒幕」が誰なのかが分かります。

大高　アメリカは裁判の実態をわかっていたのですか？

加藤　ニュルンベルグ裁判にオブザーバーとして参加した米国のジョセフ・マッカーシー上院議員は裁判調査委員会と軍が結託して隠蔽工作をしていることに抗議をし、たった2週間でオブザーバーを辞任しています。米軍による軍事法廷における尋問チームの多くの人員は、ヒトラー政権のドイツから逃れて移住し、まもなくアメリカ市民となった亡命ユダヤ人だったからです（私も以前は彼等は「迫害」されていたと考えていましたが、今では彼等に対してその言葉を使うべきではないと思っています。これは「差別」と同じく彼等が自分たちの悪質な行いを棚に上げて、相手を糾弾する都合の良い単語です）。

それから、彼らは尋問中に偽の裁判を実行したのです。そのうち1人は被告人の弁護人を装い、別の1人は検察を装い、他の一人は裁判官を装い、他の人は被告人を告発する証人を演じたのです。

時には偽物の司祭や牧師が自白を引き出すために使われたという証拠があります。こういった方法がうまくいかなかった場合、肉体的拷問が使われました。

大高　牧師や司祭がどう関わったのですか？

加藤　ニュルンベルグ裁判を批判したこんな記述があります。「偽のカトリックの司祭（実際には尋問官）が被告の房に入ってきて、懺悔を聞き、贖罪を認めてから、『尋問官が署名を求めたものならば、なんでも署名しなさい。そのことで、自由になるでしょう。たとえそれが虚偽であっても、私が、嘘をついたことに贖罪を認めることができます』と親しげに教えてやった」（E.L. van Roden, "American Atrocities in Germany," The Progressive, February 1949, pp. 21f.）。藁にもすがる思いのドイツ兵をこんな卑劣な手口で虚偽の署名をさせたのです。

大高　それはひどいですね。それでも署名しなかった場合に拷問？

加藤　アメリカ（ほぼ亡命ユダヤ人）によるニュルンベルグ裁判を糾弾した重要人物の一人はヨーロッパ戦線軍事裁判部長を務めたエドワード・エルバン・ローデン氏です。ドイツのダッハウ収容所の裁判の実態をこう述べています。〝アメリカ人尋問官は自白を手に入れるため、打撲と野蛮な足蹴り、多くのドイツ兵が歯を折られ、顎が砕かれていた。私たちが調査した139件のうち2名を除いてドイツ人全員が治る見込みのないほど睾丸を殴られていたと報告しています。

拷問によって得られた自供には全く証拠価値がないことはアングロサクソンが確立した最も古い法律であるという事実にもかかわらず、睾丸の打撲だの言語道断です。

大高　そこまでやられてドイツは何も言えず、ひたすら彼らにひれ伏してきたのは何故ですか？

加藤　天文学的数字のホロコースト戦後補償に疲弊して思考回路が麻痺しているのでしょう。世界ユダヤ会議WJCの議長を務めたナフム・ゴールドマンは彼の自叙伝でこう記しています。「WJCはユダヤ問題研究所を設立し、ナチスの犯罪者を処刑から逃れさせないことと、敗戦国ドイツから最大限の返還を得ることを目的としていた」と。

ラッセル卿が描いた『レイプ・オブ・南京』の原型！

ラッセル卿が出した『武士道の騎士達』。その中に「中国での戦争」という章があり、読んでびっくり、アイリス・チャンの『レイプ・オブ・南京』の原型が描かれていた。第4章で指摘した通り、南京事件のプロパガンダを担った宣教師についても記述があり、当時からラッセル卿が宣教師の情報を最大限活用してプロパガンダを行っていた節が窺える。

大使館職員は南京の外国人宣教師たちを通じて、この恐ろしい事実を日本に知らしめようとした。

南京の外国人宣教師を通じて行われた日本の世論を喚起するための努力は一定の成功を収め、文明世界に深刻な反響を呼んだ。その結果、松井大将とその指揮下にあった将校数名が召還されたが、誰一人として処分されることはなく、松井大将は間もなく内閣諮問委員会の委員として公の場に復帰し、「中国における功労」により叙勲された。

松井大将は大虐殺など命令していないのだから叙勲を受けて当然だ。以後、ラッセル卿『武士道の騎士達』の中から南京についての記述を抜粋して紹介するが、彼の記述で一番欠けている観点は皇軍の規律正しさを理解していなかったということだ。故に虚偽が露呈してしまうのである。近現代史の戦史に詳しい井上和彦氏はこう言う。

日本軍兵士が持っていた小銃には菊の紋章が刻印されていた。つまり日本軍とは皇軍で

あり、そんな小銃を使って皇軍の名誉を傷つけるような不埒な悪行をはたらくということは絶対に許されなかった。また日本軍には、他国の軍隊では考えられないほど厳しい軍律があり、戦闘行動中に恥ずべき行為をすれば厳罰に処せられた。とにかく日本軍は、敵と〝正々堂々と戦う〟という武道のルールと武士道精神を対外戦争にも持ち込んでおり、勝つためには手段を選ばなかった米軍には理解できないものがあったと思われる。事実、義和団の乱（1900）のとき北京に進駐した8カ国軍（日米英仏露独伊墺）の中で日本軍だけは軍紀を厳格に守って略奪などを行わず、かつどこの国の軍隊より勇敢に戦ったことが高く評価され、このことから英国から信頼され結果として日英同盟が誕生しているではないか。したがって略奪、暴行、民間人殺害などをやった他国の軍隊と同列に並べて論じたところに無理があり、リバプール卿のプロパガンダのミスがあると思う。

又、ラッセル卿は奉天事件から1945年に至るまで、日本側が満洲を平和統治するにあたって問題視していた「匪賊」に対して懲罰を認めるよう国際社会に訴えていたことに関し、〔日本の侵略に抵抗した中国軍は兵士ではなく『匪賊』であった。このような婉曲的な呼称の採用は、日本軍が戦争法規や慣例を遵守する必要がないと主張する口実となった。従って、日本軍が戦闘で捕虜にした中国兵は、同じ口実で捕虜の地位を認められず、その多くが虐殺され、拷問され、日本の労働収容所に徴用された〕とある。南京事件に詳しい阿羅健一氏はこう説明する。

満洲の匪賊については、清朝が倒れてから満洲に匪賊が現れ、農民が匪賊になったり農民に戻ったりするので、捕らえると裁判を行わず処刑していたのは事実。ただし満洲事変が起きると、敗走した張学良軍が匪賊となり、匪賊は格段に増えました。そのため関東軍は国防そっちのけで匪賊対策に追われ、裁判なしで処刑することがありましたが、それは短期間のことで、匪賊に対しても裁判を行うようになりました。

匪賊の残虐非道さは第4章の宣教師の工作活動の部分で述べた通り、同じ中国人同士であっても村々を略奪暴行、強姦の対象としか考えておらず、治安のために匪賊に対して厳しい対策をとらざるをえなかった当時の事情もラッセル卿は触れるべきだ。また、ラッセル卿は中国が南京事件と柳条湖事件とを並べて宣伝している平頂山事件についてもこう触れている。

1932年の夏の終わりに、退却する中国義勇軍を追って日本軍が撫順近郊の3つの町に到着したことがあった。住民たちは、作戦中にいわゆる「匪賊」を援助し、退却の際に彼らに避難所を与えた疑いがあった。3つの町すべてで、これらの民間人（その中には女性や子供もいた）は日本兵に家から引きずり出され、幹線道路脇の側溝に沿って並べられ、ひざまずかされた。そして機銃掃射され、生き残った数人は銃剣で打ち殺された。このようにして殺された者は、男、女、子供合わせて２７００人にのぼり、関東軍総司令官はこれを「匪賊退治計画」の一環として正当化した（平頂山事件）。（略）したがって、支那事変における虐殺は、軍事的必要性として正当化され、西半球では長い間忘れ去られてきた犯罪、日本軍による南京占領の最初の６週間における20万人の中国人市民と捕虜の虐殺でその頂点に達した（南京事件）。

この記述について、阿羅氏はこう語る。

これは満洲事変から1年後、当時は撫順事件といわれた平頂山事件として知られています。昭和7年9月15日の深夜、匪賊が炭鉱の町撫順を襲撃し、多数の住民を殺しました。それに対して関東軍は３５０人の匪賊とそれに通じた近くの平頂山の住民たちを処断しました。11月末になり、ハースト系の通信員エドワード・ハンターが撫順に行き、ある宣教師から３０００人が殺されたと聞いたとして記事にしました。ラッセル卿の２７００人虐殺の数字はここから引っ張ってきたものでしょう。

つまり射殺は事実だが、３５０人を３０００人に水増ししたのはまたもや宣教師とアメリカ人記者だったのだ。ともあれ１９５８年の時点で南京事件はラッセル卿ですら東京裁判で提出された数字の20万人としているのに、現在は30万人というのが定説となっている。そもそも当時の南京の人口が20万人で、20万人虐殺されていたら南京の人口はゼロにななってしまう、そんな整合性のつかない数字が東京裁判から一人歩きしていたこと自体が問題だ。阿羅氏は言う。〔「白髪三千丈」というように、中国は3を「多数」の意味で用いることが多く、早くから30万人と言っていました〕

確信犯的に嘘を書いている

南京についての描写を紹介する。〔12月12日、日本軍は南門を来襲し、支那軍の大半は北門と西門を通って逃げ出しました。翌朝、日本軍が市に入るまでに、まだ城内から撤収していなかった支那人兵士は軍服を脱ぎ、武器を捨て、その目的で残っていた幾人かの中立国の人によって組織化された国際安全地帯に逃げ込みました。（日本軍が入城した時には）すべての抵抗は止んでいました〕

この記述は第4章を読んでくださった読者であればラッセル卿が確信犯的に嘘を書いていることがわかると思う。国際安全地帯に逃げ込んだ便衣兵が南京市民にも乱暴狼藉を働き、それを日本軍になすりつけて混乱をつくりだしていたのだ。よくもまあ「すべての抵抗は止んでいた」などと白々しい嘘を書けるものだ。百歩譲ってそんなに静かで抵抗もなかったとしたら一体何故日本軍は大虐殺を行ったというのか？

その後、日本軍はチンギス・ハーンの軍団のように解き放たれ、強姦と殺人を繰り広げた。（略）

多くは酒に酔っていたが、彼らの指揮官や上官は占領軍の規律を維持しようとはしなかった。彼らは略奪し、焼き払い、強姦し、殺人を犯した。兵士たちは街路を行進し、男女を問わず、大人も子供も区別なく中国人を殺した。挑発も理由もなく。彼らは溝が血で溢れ、街路が犠牲者の死体で埋め尽くされるまで殺し続けた。そこにいたある中国人の目撃者が証言したように、南京の住民はウサギのように追い回され、動くものはすべて射殺された。

少なくとも1万2000人の男性、女性、子供が日本軍占領の最初の3日間で射殺されたか殺害された。

その後数週間で略奪は娯楽となり、放火はスポーツとなった。民間人は路上で呼び止められ、捜索され、貴重品を何も持っていなければ射殺された。

何千もの住宅や商業施設が破壊され、中身が持ち去られた。日本兵は略奪した後、それらに火をつけた。南京の主要ショッピングセンターであった太平路では、次々とブロックが焼き払われた。何の理由もなく民家が放火され、市の約3分の1が焼失したと推定されている。

長沙に侵入した日本人は、規模は小さいものの、南京で行ったのと同じようなことを行なった。そして、湖南省、広西省、関東省のいたるところで、日本軍は大規模な残虐行為やその他の戦争犯罪を犯した。彼らは強姦し、略奪し、焼き討ちし、殺人を犯した。強制労働や売春のために女性を違法に徴用した。彼らは、自首した1000人の捕虜を射殺した。

そもそも飲酒して戦闘行為にあたる日本軍なんて聞いたためしがない。他にも酒に酔った勢いで幼女や老婆も強姦したなどという記述もあった。創作話にもほどがある。プロパガンダも度を越えると嘘がばれてしまう。揚げ句、プロパガンダの発信源、アメリカ人宣教師が登場するのだから実にわかりやすい。

ともあれ、『武士道の騎士達』には延々とこういった記述が続くのだが、私はラッセル卿の本を読むより、まずは記録映画『南京』の視聴をおススメしたい。当時の南京の様子が記録された貴重なフィルムだが、そこには南京城内に死体はほとんどなく、子供たちがはしゃぐ平和な町の様子が写されている。

第6章

アカデミック権威に浸透する反日プロパガンダ

リッグ氏を否定する人々

『ジャパンズ・ホロコースト』の著者・ブライアン・マーク・リッグ氏とは何者なのか？　書店のサイトには〔1971年生まれ。オンライン大学のアメリカン・ミリタリー・ユニバーシティ（ドイツ軍史）およびサザンメソジスト大学の歴史学教官。キリスト教原理主義運動の活発な所謂テキサス・バイブルベルトで生れ育ち、イェール大学卒業後ケンブリッジ大学で博士号（ヨーロッパ問題）取得。元海兵隊将校。前作『ヒトラーのユダヤ人兵士』はウイリアム・E・コルビー軍事作家協会賞を受け、執筆用に蒐集した膨大な資料は、ドイツのフライブルクにある連邦／軍公文書館にリッグ・コレクションとして保管されている〕とある。経歴は後述する。

彼は2002年にユダヤ人内部で物議をかもした本を出している。『ヒトラーのユダヤ人兵士：ナチスの人種法とドイツ軍におけるユダヤ系兵士の知られざる物語』

内容を簡単に紹介すると〔ナチスドイツ軍の中に、なんとユダヤ人の血筋に分類されていた人が15万以上もいて、その中には勲章を受けた退役軍人や高級将校、さらには将軍や提督も含まれていた。〝これらの兵士の多くは、自分たちをユダヤ人だとさえ思っておらず、復活したドイツ国家に奉仕することを熱望する献身的な愛国者として自分達の存在を軍人として、受け入れていた。その見返りとして、彼らはドイツ国防軍に受け入れられた」というもので、鍵となるのは1930年代半ばに初めて制定された人種法の結果として、驚くほど多くのドイツ軍人がナチスによってユダヤ人または「部分的ユダヤ人」(Mischlinge)に分類されたことで、結局はヒトラー統治を批判するものだ。そして2006年には『ナチからの脱出：ドイツ軍将校に救出されたユダヤ人』を出版。ドイツ軍将校が米情報部と密かに連絡をしながら、ナチ支配下のポーランドから、一人のユダヤ宗教指導者を救出したという内容だ。

リッグ氏は『ジャパンズ・ホロコースト』はアイリス・チャンの『レイプ・オブ・南京』とは違ってアカデミックな権威に裏打ちされていると豪語するが、先に紹介した『ヒトラーのユダヤ人兵士』などについて、リッグ氏の担任だったイェール大学教授ヘンリー・ターナー博士は、「リッグ氏は実際には知識人でも歴史家でもなく、学界には向いていないとし、大学院への推薦を拒否した」とにべもない。

この本が世に出るまでには様々な波乱があったようだ。1998年のクリスマスに、イギリスのケンブリッジ大学に留学中のリッグ氏は、「部分的ユダヤ人」に関してドイツの学者から盗作だとケンブリッジ大学でのリッグ氏の論文指導教員宛て[注1]に盗作疑惑の告発状が届いた。結局、盗作の疑いが晴れた後も、ある専門家は、この論争は脚注の付け方がずさんだったことであり、他人の著作物を故意に盗んだことではないと述べている。

確かに自身で400人以上の部分的ユダヤ人に取材しているので意図的な盗作はないにせよ、盗作と指摘されかねない杜撰さを持っているのは事実なようだ。部分的ユダヤ人に関する論文を担当していたターナー教授は「それは非常に独創的で、学部論文としての通常の期待をはるかに超えていました。これほど新鮮な証拠を集めたのは非常に異例だった」とリッグ氏に関して一定の評価はするものの、彼の文章力の低さについて「これほど多くの時間を生徒と協力し、手助けしたことはない」と嘆いている。結局、ターナー教授はリッグ氏の大学院への推薦を拒否しているのだ。

ターナー教授のみならず、ある意味、〝ナチス＝悪魔　ユダヤ人＝被害者〟というホロコーストの通説を覆すかのようなパンドラの箱をあけてしまったリッグ氏に対し、厳しい批判を寄せた教授達も多い。

「(この研究が）どんな違いを生むのか、想像もつきません」とイェール大学の歴史学名誉教授であり、『私のドイツ語の疑問』(イェール大学出版局、1999年）の著者でもあるピーター・ゲイ氏は言う。早い段階でリッグ氏を諌めた教授たちのことだ。「私には想像力がまったくないかもしれないが、それがわからないだけだ」。ゲイ氏は詳しい説明を拒否した。

英国のサウサンプトン大学の現代ユダヤ人史の教授であり、『The Final Solution: Origins and Implementation』(Routledge、1994年)の編集者であるデービッド・カエサラーニ氏も、リッグ氏の研究は「第三帝国やユダヤ人の迫害と大量殺戮を理解する上でほとんど意味がない」と電子メールメッセージで述べた。

ゲイ教授のように、リッグ氏の発見のどこが悪いのかは明確に指摘せずに彼の研究を無意味と断定するのはわからなくもない。自分たちが築き上げてきたアカデミックな定説が崩れることは、自己否定にも直結するシビアな問題が浮上するからであろう。[注2]

ユダヤ人脈にどっぷりと浸っている経歴

ユダヤ人の背景に魅了されていたにもかかわらず、リッグ氏はユダヤ教に改宗することを考えたことは一度もなかったと語る。しかし、彼はもはや自分をクリスチャンであるとは認めていない。

「自分が誰なのか分からない」とリッグ氏は言う。

冒頭で紹介した彼の経歴だけでは、何故彼が戦後80年近くたって日本を貶める本を書いたのか真意が読み取れないので、更にリサーチを進めるとリッグ氏は〝先祖をドイツに持つユダヤ人でユダヤ教の伝統について学ぶために、イスラエルのイェシバに入学し、ユダヤ教とヘブライ語を学び、イスラエル国防軍に志願兵として従軍経験があることがわかった。又、米国硫黄島協会、ダラス・ホロコースト人権博物館、AJC米国ユダヤ人委員会ダラス事務所の理事を務めている。又、2006年から2008年までクレディ・スイスのプライベート・バンキング部門でプライベート・ウェルス・マネージャーとして勤務しその後、RIGGウェルス・マネジメントという自身の会社を設立している〟ということなどがわかった。アメリカユダヤ人委員会（American Jewish Committee, AJC）は、1906年11月11日に創設されたユダヤ人利益団体。米国内で22の支部があり、海外にも支部や友好組織がある。

AJCといえば2024年1月30日、テッド・ドイチュ理事長が訪日し、岸田首相や上川外相などに表敬訪問をし、23年10月7日のハマスのテロへのお悔やみのことばを引き出している。

上川外務大臣がイスラエルの被害者家族と抱き合う写真はアラブ諸国のSNSで出回り、アラブからは「何故パレスチナの被害者家族とは会わずにイスラエル側とだけしか会わないのか？」といった批判が寄せられていた。

日本の外務省は本来、この時点で返す刀で「おたくのＡＪＣダラス事務所のリッグ氏が『ジャパンズ・ホロコースト』なる事実無根の本を３か月後に出すようなので、出版されたら一緒に検証願いたい」くらいの釘はさしていただきたかったものだ。

ＡＪＣの歴史は古く、初期メンバーの会長は弁護士ルイス・マーシャルで、あの日露戦争で高橋是清に金を貸した銀行家ジェイコブ・シフなどもいる。

余談になるが、アメリカで多大な影響力を持つグローバル・エリートと呼ばれる界隈は、ＷＡＳＰから金融系ユダヤ人へと移り変わっているのは周知の事実だ。中国問題グローバル研究所所長の遠藤誉氏は近年、ソ連崩壊もバルカン半島の戦争も中東のカラー革命もウクライナ戦争も背後で政権転覆を画策するために資金援助をしていたのはＣＩＡの別働工作部隊であるＮＥＤ（全米民主主義基金）だと指摘している。ＮＥＤの資金援助はアメリカ政府が公表しているもので、遠藤氏はそこから丹念に金の流れと戦争の因果関係を著作に著している。

ＮＥＤの創設者アレン・ワインスタイン（１９３７年9月1日―２０１５年6月18日）は、ロシア系ユダヤ人移民の息子でレーガン政権下の１９８３年に全米民主主義基金の共同創設者となっている。２０１８年、「米国第一主義」を掲げたドナルド・トランプ大統領は当該基金への資金提供を削減し、民主・共和両党のシンクタンクとのつながりを断ち切ると提案していることから、NEDが〝自由と民主主義〟の旗を掲げて諸外国に紛争の種をばら撒いてきたことへの暗黙の拒絶を窺い知ることができる。

実にご都合主義的な男爵

本の表紙に「はしがき」としてリッグ氏と一緒に名前が記されているアンドリュー・ロバーツ氏は、イギリスの歴史家・ジャーナリスト・貴族院議員で、フーバー研究所の客員研究員だ。『チャーチル：運命とともに歩む』および『戦争の嵐：第二次世界大戦の新たな歴史』といった著作も持つイギリスの大御所。

2022年10月14日、ボリス・ジョンソンの2022年政治栄誉賞で、ロバーツ氏は終身男爵になっている。

彼の『ジャパンズ・ホロコースト』評はこうだ。

「ブライアン・リッグの『ジャパンズ・ホロコースト』は重要な本であり、幅広い読者に読まれる価値がある」

ロバーツ氏は終身男爵などと、なんとも華々しい経歴だが、戦争屋のネオコンだ。何しろ湾岸戦争の際には多国籍軍に参加したイギリスのトニー・ブレア首相を「驚くべきリーダーシップ」と大絶賛し、「イラク侵略が成功し、何百もの大量破壊兵器がサダムの手下によって隠された場所から発掘されたときにブレアにもチャーチルのごとく神格化が起こるだろう」と評している。

ところがイラクからは大量破壊兵器が発見されず、のちにＣＩＡがイラク侵略のためにでっちあげたことだったと発覚してからも〝大きな戦略的理由からの侵略〟だったとイラク侵略を正当化しているのだから、実にご都合主義的な男爵だ。

又ロバーツ氏は、２０２３年10月７日、ハマスによるイスラエル攻撃以降、一貫してイスラエル支持の姿勢を崩していない。例えばハマステロの３週間後にイスラエルVSハマスの将来像をこのように語っている。

ヨム・キプール戦争はアラブの奇襲攻撃で始まり、アラブ軍の大惨事で終わったので、今回のハマスの攻撃には歴史との直接の類似点があることを願っています。（略）イスラエル国防軍にはパンチを受けて精力的に反撃する途方もない能力がある。ハマスに関しても同様だ。（ＣＮＮ２０２３年11月１日）。

又、日を追うにつれてイスラエルの〝集団懲罰〟と称するガザへの報復が度をこえたかたちで展開され、多くの女性子供が虐殺され、国際社会からイスラエル批判が高まっていた２０２４年２月９日にもイギリス議会で〔**ガザのような都市紛争で民間人と戦闘員の死**

傷者比率を2：1に抑えることは、どの軍隊にとっても難しいことです。イスラエル国防軍は民間人の死傷者を抑えるために懸命な努力を行っている」といった趣旨の発言をし、5月11日にはロンドン駐在のイスラエル大使ツィッピ・ホトヴェリ氏とポットキャストで対談し、イスラエルの主張をとうとうと述べさせている。

２００９年にはナチスドイツとヒトラーを手厳しく批判する『戦争の嵐』を出版。ロバーツ氏も歴史家としてデビューする以前はリッグ氏のように投資銀行家および民間企業の取締役として企業金融の分野でキャリアをスタートさせている。

アカデミックな権威を使う仕組み

謝辞で最初に登場するのはリッグ氏の恩師でもあるイェール大学のポール・マイケル・ケネディとジェームズ・B・クロウリーという二人の教授だ。ケネディ氏はイギリスの歴史学者で、アメリカのイェール大学歴史学部教授・同大学国際安全保障研究所所長。専門は軍事史、外交史。

英国王立歴史協会のフェローであり、プリンストン高等研究所の客員研究員やロンドン・スクール・オブ・エコノミクスの教授を務めたこともある。又、歴史学への貢献により、2000年に大英帝国勲章司令官（CBE）に任命され、王立協会フェローは、「数学・工学・医学を含む自然知識の向上への多大な貢献」をした個人に対して、ロンドンの王立協会から付与される賞および会員資格を持っている。

ちなみにチャタム・ハウスと呼ばれるイギリス「王立国際問題研究所（RIIA）」は〝世界の政府〟とも言われている。1919年に発足したチャタム・ハウスは過去100年間外交政策を示し、世論を操作喚起し、この国の首相を選ぶことさえしてきたと英国ではささやかれている。

たとえば2020年2月に開催された東京会議でRIIA所長のロビン・ニブレット氏は「リベラルなシステムこそが、私たちの未来」と題した講演をし、

世界には現在たくさんの異なる政治制度があります。私たちは、自由民主主義国、権威主義国、または非民主的で中央集権的な管理の仕組みを持った国など政治システムの違いを超えて、過去70年以上にわたり、グローバル化経済を作り、管理してきました」「西側は、かがり火の役目を果たすべきです。同盟国間では時に意見がそろわなくとも、このリベラルな秩序から出たいという国はいません。中国やロシアに多くの仲間がいるようには見えません。彼らのシステムを真似しようとする例も少ない。中国型の政府を真似したがる政府はいるかもしれませんが、中国のようになるべきだと叫んでデモをする人々を見た

ことがありません。このリベラルなシステムに自信を持ち、守護し、防衛し、そして促進していくべきです。

などと述べている。確かに中国のようになりたい人間は世界中見渡してもそうはいないと思うが、かといって西側がかがり火をともした〝自由と民主主義〟に名を借りたリベラルの灯は、英米にとっての体のいい西側支配であり、そんなグローバリストの企てにうんざりして連帯を強めているグローバルサウスなどの野合の衆の存在も無視できなくなってきている。民主主義の御旗のうさん臭さについては前述したＮＥＤを理解すれば紐解きやすい。

さらに、世界の潮流をみればイギリスのＲＩＩＡと、１９２１年にアメリカをイギリスの影響下に置き続けるために設立されたワシントンにある外交問題評議会（ＣＦＲ）の外交政策をみてゆくと、彼らが描くご都合主義のグローバル計画がよくわかる。

問題はケネディ氏が数多くの学術雑誌の編集委員を務めていることだ。プロパガンダは実はアカデミックな権威を笠に着て浸透することが近年明らかになっている。

トンデモ本が権威化されていくか否か、その鍵はアカデミズムの仕組みにある。この仕組みが自分の地位・名誉・助成金・給与にも跳ね返ってくるならば、学者が本来の学問の追究を棚上げし「体制におもねる論文」を書きたがる理由は明白。そして、「どんな学術ともなる。

誌に載るか」で評定が変われば、学術誌は権威そのものであり、学術誌の査読官は「神」

先に述べたように、ニューヨークで世界のVIP相手に児童買春を斡旋していたユダヤ人のジェフリー・エプスタインと義理父が欧米のアカデミックな学術論文などに深く関与していた理由にもつながる話だ。社会を牽引してゆく人材を多く輩出する名門大学をターゲットにしてイデオロギー浸透工作をはかれば社会変革は早い。そのことはアメリカで蔓延するポリティカルコレクトネスなどといった社会問題をみれば一目瞭然だ。

わかりやすい例がドイツ。在ドイツ・著述家のライスフェルド真実氏はこう言う。

ドイツ語で「南京大虐殺」（Nnanking Massaker）で検索すると、書籍や記事が山のようにヒットします。ドイツの大手出版社シュプリンガー系列の「Springer Fachmedien Wiesbaden GmbH」から、今年、米国州立ネブラスカ大学リンカーン校の学者Suping Luの本『南京での日本の残虐行為』の独語訳が出版されました。

また、ドイツの中学の歴史教科書には「日本の侵略戦争」について以下の記述があります。「東アジアでは、人種主義的イデオロギーから、日本人は特に中国において残虐な征服、殲滅戦を繰り広げました」「そこで日本帝国軍は中国の民間人に対する恐ろしい大虐殺を行い、南京だけでも20万人の市民が殺害されました」。これらの「専門知識」は、早稲田大学の政治・歴史学者後藤乾一氏の所で研究実績のあるハイデルベルク大学ハイデルベルク異文化研究センター（ＨＣＴＳ）の異文化研究員であるDr.Takuma Melberが提供しているようです。

同様のことは地球温暖化と脱炭素の因果関係が否定されているにも関わらず、否定論は陰謀論のカテゴリーに押し込められ、従来型の脱炭素、気候変動をめぐる偏向論文が「権威」として定着している理由もしかりだ。余談になるが、日本もごたぶんにもれず、脱炭素政策に前のめりで、官民あげてグリーン・トランスフォーメーションに約１５０兆円も投入するという愚策を進めている。ともあれ、アカデミズムでは高学歴エリートの若者にこの権威をもって何十年にわたる洗脳を続けてゆく。

もちろん一概に言えるものではないが、活動家と見まごう教授も多々在籍しているのは事実で、そういった教授に占拠されたアカデミズムが、壮年教授から青年層生徒まで、30年もあれば一様な偏向思考を持つに至る仕組みがここにある。故にアカデミズムへの浸透工作をあなどることはできない。

ポール・ケネディ氏の日本論

ケネディ氏は1993年に『大国の興亡』を出しており、日本語も含む20か国以上の言語に翻訳され世界的なベストセラーとなった。主題は、500年にわたる覇権国家盛衰のサイクルを軍事力と経済力の両面から検証。米ソ両国の衰退を指摘し、多極化する世界の考察だが、特に議論を呼んだのが〝ゆるやかなアメリカの衰退〟を予測していたことだ。

エクセター大学の戦略セキュリティ研究所の学術ディレクター・パトリック・ポーター教授は28年後に〝ポール・ケネディは正しかったのか？ アメリカ衰退30年〟と題しこんな論文を発表している。〔ケネディの議論は、サミュエル・ハンティントンやジョセフ・S・ナイ・ジュニアなどの批評家から分析的な反論に遭い、衰退論は予測の実績が乏しい古い流派であると反論した〕（War on the Rocks 2015年6月17日）

いずれにせよ、『ジャパンズ・ホロコースト』が発刊された2024年は、11月の米大統領選挙を控え、衰退どころか内乱の危機に瀕しているので、30年前のケネディ氏のアメリカに関する分析通りに世界が進んでいることは不気味だ。

日本について、近代に関しては慧眼の持主といわざるをえない論評をしているが、過去の歴史に関してはお粗末な論評なのであわせて紹介する。

（近代の日本のジレンマ）日本の八方美人的な全方位平和外交は現在のところ非常にうまくいっているが、勢力を広げすぎた。アメリカがアジアから手を引いたり、あるいはアラブから横浜への石油の流れを保護できないと判断した場合には、どれほどの効果を上げうるだろうか。

第二次朝鮮戦争の勃発やそれに伴う中国やロシアの動きをふまえ、それでも小さい〝自衛隊〟を保有するだけの貿易国が何らかの答えを出さなければならない時が来るかもしれないのだ。過去に他の国々が思い知らされたように商業的な専門知識と金融力だけでは、国際的なパワーポリティクスという無政府状態の世界においてはもはや十分とは言えないのである。

良きにつけ悪しきにつけ、日米安保に胡坐をかいて経済活動に邁進してきた日本の弱点を30年前から予測し、今日の日本が直面する危機を言い当てていることには脱帽だ。

一方で過去の日本史については、首をかしげざるをえない。

２つのアウトサイダー日本とロシア。

日本は孤立した島国である。おかげで、日本は陸路による侵略を免れることができたが、中国の方はそうはいかなかった。だが、島国日本とアジア大陸との間に広がる海は両者を完全に隔てているわけではなく、日本の文化や宗教の大部分は古い歴史を持つ、大陸の文明から取り入れられたものだった。しかし、中国が統一的な官僚機構によって動かされていたのに対し、日本の権力は氏族に基盤を置く多くの封建領主の手に分散されていて、天皇の権威はほんの形ばかりでしかなかった。

こういった「渡来史観」は、京都大学名誉教授の上田正昭氏が「皇国史観」に対抗する形で「欠史八代」を「架空王朝」とする説を捏造したことに起因するもので、日本の真の歴史ではない。

大陸文明とは一線を画す独自の縄文時代が1万5000年も続き、その間、すでに稲作を行っていた遺跡も存在している日本は、人を殺傷する武器が出土される世界とは異質の〝縄文文明〟として注目を集めている。

ハーバード大学のサミュエル・P・ハンティントン教授もその著『文明の衝突』の中で、日本を大陸とは切り離された文明圏として論じている。天皇の権威がケネディ説のごとく、形骸化されたものであったとしたら、弥生時代から封建時代を経て今日にいたるまで、皇室が存続してきた理由をどのように説明するのか？　落合莞爾氏は「事実は、日本の社会が古代から、政体権力と國體権威が相互依存する二分制に拠ってきたからである。権力構造の時代的変化で政体権力が交代を迫られることはあったが、國體権威は揺らぐことがなかった」と述べている。更にこんな記述も気になる。

日本の海賊は中国や朝鮮の沿岸を荒らし回り、同時に日本人は機会を捉えて西洋のポルトガルやオランダから訪れた商人たちと喜んで商品を交換した。キリスト教の布教者や西洋の物資は、外国に対して冷ややかで自己満足的な姿勢を崩さなかった明帝国を相手にした場合によりもずっと容易に日本の社会に浸透していった。（略）すべてのキリスト教徒が将軍の命令で無残に殺害されている徳川幕府がそうした極端な政策をとった動機が絶対的な支配権を確立することにあったのは明らかだ。外国人やキリスト教徒は支配者に背く可能性があるとみなされたのである。

日本の海賊の暗躍といえば、いわゆる「倭寇」であるが、大航海時代にあって東南アジアの辺境民が交流混淆して武装海商となり海賊的通商行為をしたことは、西欧や西アジア諸国の例とさして変わらない。ことに後期倭寇は元寇のあと、蒙古勢力の統制から逃れた南人（南宋人）や高麗人が倭寇を称して本拠を日本に置き、海防力の低下した大明帝国の沿岸で活発な活動をしたことは周知である。このことと日本の南蛮貿易および紅毛貿易と関連付ける論拠は疑わしい。史実は豊臣政権が倭寇を鎮圧して南蛮（スペイン・ポルトガル）との平和貿易の道を開いたことである。

大明帝国が西洋の物資に靡かなかったのは中華思想によるものと海禁策によるものであ

るが、織田信長がイエズス会の宣教師を優遇している間に、西国大名の多くが火薬の獲得のために国益を損ずる優遇措置をした。たとえば日本人の奴隷輸出、各地の開港である。豊臣秀吉の長崎港回収と徳川政権による宗教鎖国はこれに対応したもので、東アジアの中で日本と明国だけがイエズス会の植民地とならずに済んだのである。

徳川幕府がそうした極端な政策をとった動機が絶対的な支配権を確立することにあったのは明らかだ。**〔外国人やキリスト教徒は支配者に背く可能性があるとみなされたのである〕**などと主張するのは、自らの奴隷思想を正当化したものに他ならない。

注1：ジョナサン・スタインバーグ氏はペンシルバニア大学の近代ヨーロッパ史教授であり、『All or Nothing: The Axis and the Holocaust 1941-1943』（Routledge、１９９０年）の著者であり、ケンブリッジにおけるリッグ氏の指導教官。

注2：https://www.dallasobserver.com/news/in-the-wolfs-mouth-6386054
https://www.chronicle.com/article/were-there-jews-in-the-nazi-army/?bc_nonce=mjq0o4si

第7章

今こそ日本は「原爆投下は国際法違反の戦争犯罪だ」と宣言せよ

私は原爆投下を誇りに思う——ユダヤ人パイロットの追憶

アメリカによる広島・長崎への原爆投下は誰しも知っているが、双方の爆撃機に搭乗していた人物の正体はあまり知られていない。日本人には原爆投下は米国のトルーマン大統領の責任だという認識が関の山ではなかろうか？

実際に2024年3月末に日本で公開された原爆開発の父、ユダヤ人のJ・ロバート・オッペンハイマーを描く映画『オッペンハイマー』でも、トルーマン米大統領が登場する。場面は原爆投下後の1949年にソ連が原爆開発に成功し、米ソ核開発競争が高まっていた時期の話だ。

悪魔の兵器開発の功罪意識に悩まされつつ、「戦争をはやく終わらせた」などと米国人から賞賛されるオッペンハイマーはソ連との核開発競争を危惧して水爆開発に反対し、トルーマン大統領に面会する。彼はトルーマンに「私の手は血塗られたように感じる」と伝えたが、トルーマンは「恨まれるのは（原爆を）落とした私の方だ」という印象に残るシーンが登場する。

確かに歴史は〝原爆投下＝トルーマン〟という印象で固定されているが、実際に原爆投下に手を下したのはいかなる人物なのか？　それは１９４５年８月６日に広島に「リトルボーイ」原爆を投下したエノラ・ゲイ号と、その３日後に長崎に「ファットマン」を投下したボックスカーの両方にレーダー専門家として搭乗していたジェイコブ・ベーサーという人物だ。

彼は原爆投下に関し、

私に対し広島と長崎への原爆投下に対する謝罪を求めている人がいるとしても、私は謝罪しません。何故なら第二次世界大戦を終結させた任務における自分の役割を誇りに思っているからです。私の唯一の後悔は、ドイツの最終征服に爆弾を利用できなかったことです（ジューイッシュ・プレス・コム2016年3月10日）。

詳しくは後述するが、原爆投下が第二次大戦を終結させたという言い分は詭弁だが、ここでは彼が原爆投下時の瞬間を機体の中から描写している生々しい記録があるので紹介する。

私は機体のレーダー画面を見ずに自分の計装器具を使いました。爆弾が航空機から分離された後、約10秒の固定遅延時間で導火線がオンになり、解除されるまでの時間を与えたのがわかりました。ヒューズが作動して全体が動き始めるのが見えましたが、その後、物体は消えました。それが消えると同時に、飛行機内を照らす大きなフラッシュがありまし

た。私は環境を分析し、何も想定外な事が起こっていないことを確認するのに忙しかったです。（略）２、３分後、窓際にきのこ雲がありました。

まだ沸騰して変色し、自分の目が信じられませんでした。それは次のようなものでした――ここオーシャンシティに降りると、水中に約２フィート出て、砂をかき混ぜ始めます。そして、砂はどのように波打つのでしょうか？　まあ、それは…地面全体がそれをやっているようなものでした。そして、周縁部では常に新たな火災が発生しているのが見えました。

原爆投下した先に人間がいたことには１ミリも想像を及ばせず、原爆投下の引き金を引いた指、その記憶が鮮明に残っていながらその任務を後付けの論理で「誇りに思う」などと回想していることにナイーブな日本人は驚きと怒りを隠せないであろう。

ベーサー氏は、最大の破壊をもたらす高度で原爆が爆発するよう高度を計算し、ラジオ放送が電子ヒューズを誤作動させる可能性から爆弾を保護するための電子的対抗措置に関する広範な責任を負っていたという。

彼の祖父母はほぼ１世紀前にドイツから移住してきたユダヤ人で、戦後は大尉としてシルバースター勲章を授与された英雄だ。

第二次世界大戦後、ベーサーはイスラエル空軍にも従軍し、アメリカ在郷軍人会のマカビアンポストの司令官も務めている。

原爆開発には多くの非ユダヤ人も関与していたが、今日ではユダヤ人が主たる指揮者であったことがほぼ普遍的に認められている。ユダヤ人ジャーナリストのマシュー・ギンディンは、爆弾の製造に重要な役割を果たしたユダヤ人の数を列挙して、「爆弾の製造に非常に多くのユダヤ人が関与していたことは私を不安にさせ、あまりに多かったため、それをユダヤ人の兵器と見なす誘惑に駆られる」と述べている。

トルーマンの役割について言えば、爆撃計画は彼が就任する前にすでに起草されており、グローブス将軍によると、トルーマンの決定は「不干渉の決定であり——基本的には既存の計画を混乱させないという決定だった」という。皮肉なことに戦時中ユダヤ人にとり囲まれていたトルーマンは、第二次世界大戦後すぐに反ユダヤ感情を吐露している。１９４７年7月21日の日記に、彼は次のように書いている。

ユダヤ人は、とても利己的だと私は思う。ユダヤ人が特別扱いされてさえいれば、ヨーロッパ人が何人殺されたり、難民として虐待されたりしても気にしない。しかし、ユダヤ人が物理的、経済的、政治的に権力を握ると、ヒトラーもスターリンも、弱者に対する残酷さや虐待に対して何の抵抗もできない。

第22章『原爆と日本の大量殺戮の阻止』について

『ジャパンズ・ホロコースト』の第22章には『原爆と日本の大量殺人の阻止』という原爆投下の検証がなされているので、主だった部分を紹介する。

約80年前、最初の原子爆弾が日本の都市広島に投下される準備が進められていた。原爆を投下する必要があったのか多くの人が疑問に思っているが、この期間、25年間研究した結果、この原爆がなければ１９４５年11月に日本侵攻が行われ何百万もの命が犠牲になっていた。

ありがたいことに、マリアナ諸島から始まった爆撃作戦が2発の原子爆弾の爆発で最高潮に達し、戦争を終結させたために、これらの（11月に侵攻した場合での用意すべき）勲章は必要なかった。これらの大規模攻撃により、裕仁は臣民に武器を置くように命じた。原爆投下前、裕仁は戦争終結に必要なポツダム宣言受諾には程遠い状態だった。核兵器の破壊力は、天皇に考え方を変えるのに必要な心理的影響を与えた。彼は8月8日に、「このような悲劇が再び起こらないよう、戦争を終わらせるために時間を無駄にすべきではない」と述べた。

長崎と広島の原爆投下が日本の神の心を変えたことを知り、何百万人もの疲れ果てたGI、海兵隊員、そしてその家族は原爆のおかげと神に感謝した。(略)日本国民にとって幸運だったのは、こんな芸当をするのがたった2発の原爆で済んだことだった。

原爆は非道徳的、あるいは戦争法に反していると今でも感じている人々のために、カーチス・E・ルメイ将軍はさらに興味深い分析を行った。原子爆弾の使用を非難する人は皆、通常爆弾の使用を非難しない。彼らはまた、一般に機関銃、ライフル、手榴弾の使用も非難しない。日本の銃剣と日本刀は、アジア戦争や太平洋戦争中に原爆よりも多くの人を虐殺したが、それらは不道徳な武器として非難も禁止もされていない。そこで、ルメイは、核爆弾で人を殺すことより邪悪なことは、石で頭を打ち砕いて人々を殺すことですと主張した。

カーチス・ルメイといえば東京大空襲で10万人以上を焼き殺し、広島と長崎に原子爆弾投下の作戦を指揮した戦犯だ。彼は「日本人を焼き殺すことに何の躊躇も良心の呵責もなかった」と言い放ち「もし、あの戦争でアメリカが負けていたら、私は間違いなく戦争犯罪人として裁かれていただろう。今、ここに自分がいるということは、まったくの神のご加護だ」とのたまう。一体ルメイを加護した神とはいかなる存在か？

戦争経験者の知人はこう言う。「焼夷弾は日本の家屋は紙と木で建てられていることを研究し尽くして使用されたもので、火の粉が次々と舞って大火災となる、まさに焼野原を作る悪魔の兵器だった」。ところがそんな戦犯ルメイに佐藤栄作は１９６４年12月７日に勲一等旭日大綬章を授けている。同時に真珠湾攻撃時の航空参謀源田実大佐は米国からレジオン・オブ・メリット勲章を授かっている。現場での立役者双方へ勲章を贈ることによって対立の終焉を演出したのかもしれないが、私にはまったく理解不能だ。

「東京大学史料編纂所で、『大日本史料』の編纂に従事した酒井信彦氏は『本土空襲　全記録』の中で米国が無差別爆撃を行った理由は、『日中戦争で日本軍が重慶爆撃を行ったからだ』との説明である。これは『なぜ日本は焼き尽くされたのか』との説明とは完全に矛盾している。重慶爆撃を取り上げるのは以前からよくある日本の空襲を相対化して、米国がその悲惨さをごまかす手法に倣ったものである。

ところで広辞苑では、ホロコーストを『ユダヤ教の焼き尽くした献《ささ》げ物が元の意味』と説明している。だとすれば、ガス室を使ったユダヤ人虐殺より、日本の空襲の方がはるかにホロコーストと表現するのにふさわしい」（産経新聞２０１７年9月17日付）と述べている。

そんなルメイが「核爆弾より石で人の頭を打ち砕くことの方が邪悪」だなどと言うことは、「強姦魔より猟奇殺人の方が邪悪」と言っているに等しく、ルメイの功罪には一行も触れずに、こんな無意味なコメントをあえて引用しているのだから、この本のお里が知れるといえよう。

昭和天皇の玉音放送を全て紹介

昭和天皇の玉音放送（「終戦の詔書（大東亜戦争終結に関する詔書）」）は「堪え難きを堪え……」しか聞いたことがない人も多いと思うので、長くなるが大事な詔書なので、全て紹介させていただく。この中で陛下の戦争終結と原爆に対する見解もきちんと述べられているからだ。

私は、深く世界の情勢と日本の現状について考え、非常の措置によって今の局面を収拾しようと思い、ここに忠義で善良なあなた方国民に伝える。

私は、日本国政府に、アメリカ・イギリス・中国・ソ連の４国に対して、それらによる共同宣言（ポツダム宣言）を受諾することを通告させた。

そもそも、日本国民の平穏無事を確保し、すべての国々の繁栄の喜びを分かち合うことは、歴代天皇が大切にしてきた教えであり、私が常々心中強く抱き続けているものである。先にアメリカ・イギリスの2国に宣戦したのも、まさに日本の自立と東アジア諸国の安定とを心から願ってのことであり、他国の主権を排除して領土を侵すようなことは、もとより私の本意ではない。しかしながら、交戦状態もすでに4年を経過し、我が陸海将兵の勇敢な戦い、我が全官僚たちの懸命な働き、我が1億国民の身を捧げての尽力も、それぞれ最善を尽くしてくれたにもかかわらず、戦局は必ずしも好転せず、世界の情勢もまた我が国に有利とは言えない。それどころか、敵国は新たに残虐な爆弾（原子爆弾）を使い、むやみに罪のない人々を殺傷し、その悲惨な被害が及ぶ範囲はまったく計り知れないまでに至っている。それなのになお戦争を継続すれば、ついには我が民族の滅亡を招くだけでなく、さらには人類の文明をも破滅させるに違いない。そのようなことになれば、私はいかなる手段で我が子とも言える国民を守り、歴代天皇の御霊《みたま》にわびることができようか。これこそが私が日本政府に共同宣言を受諾させるに至った理由である。

私は日本と共に終始東アジア諸国の解放に協力してくれた同盟諸国に対して、遺憾の意を表さざるを得ない。日本国民であって戦場で没し、職責のために亡くなり、戦災で命を失った人々とその遺族に思いをはせれば、我が身が引き裂かれる思いである。さらに、戦傷を負い、戦禍をこうむり、職業や財産を失った人々の生活の再建については、私は深く心を痛めている。考えてみれば、今後日本の受けるであろう苦難は、言うまでもなく並大抵のものではない。あなた方国民の本当の気持ちも私はよく分かっている。しかし、私は時の巡り合わせに従い、堪え難くまた忍び難い思いをこらえ、永遠に続く未来のために平和な世を切り開こうと思う。

私は、ここにこうして、この国のかたちを維持することができ、忠義で善良なあなた方国民の真心を信頼し、常にあなた方国民と共に過ごすことができる。感情の高ぶりから節度なく争いごとを繰り返したり、あるいは仲間を陥れたりして互いに世情を混乱させ、そのために人としての道を踏み誤り、世界中から信用を失ったりするような事態は、私が最も強く戒めるところである。まさに国を挙げて一家として団結し、子孫に受け継ぎ、神国日本の不滅を固く信じ、任務は重く道のりは遠いと自覚し、総力を将来の建設のために傾け、踏むべき人の道を外れず、揺るぎない志をしっかりと持って、必ず国のあるべき姿の真価を広く示し、進展する世界の動静には遅れまいとする覚悟を決めなければならない。あなた方国民は、これら私の意をよく理解して行動してほしい。（朝日新聞ＧＬＯＢＥ）

「原爆は日本のみならず人類の文明までも破壊する」といった昭和天皇の真摯な御言葉を

戦後日本のメディアもほとんど伝えてこなかった。いや、あえてＧＨＱの検閲官によって伝えさせないようにされてきたのであろう。玉音放送には真実が述べられている。

日本人差別の非難は的外れ？

原爆に関する『ジャパンズ・ホロコースト』の記述を紹介する。

日本は支那を破壊する際（１９３７〜１９３８年の南京・上海地域で約30万人、１９４２年の浙江地域で約25万人の死者）、数百回の作戦のうちわずか２回の作戦で、原爆で亡くなった日本人の数（広島は14万人、長崎は７万人）よりも高い人柱を求めた。

また、幾つかの名前を挙げると、未だ認知されていない日本によって虐殺された３０００万人のアジア人、数百万人のレイプ被害者（女性、少女、少年を含む）、そして上海のレイプ、南京のレイプ、香港のレイプ、マラヤとシンガポールのレイプ、フィリピンのレイプ、マニラのレイプ、グアムのレイプ、広東のレイプ、北京のレイプなどがある。

大日本帝国がアジア戦争と太平洋戦争の両方を開始し、支那の都市爆撃で民間人を標的にし、アジア全土に死、強姦、破壊への道を始めたにもかかわらず、幾人かの日本人は被害者意識を保持し、その原爆が当初は白人国家であるナチス・ドイツ向けだったという事

実を決して考慮せず、日本への投下は連合国が人種差別主義者の証拠であった事に焦点を絞ってアメリカに謝罪を要求している。

リッグ氏は、日本によって虐殺された3000万人の根拠をきちんと示すべきだし、日本は隣国とは違い、執拗にアメリカに謝罪など要求してはいない。それにしても日本軍が駐屯した場所に〝レイプ〟という枕詞を持ってくるなど、あまりにも下品だ。

日本軍による現地女性の強姦が発覚した場合、ただちに厳しい軍法会議にかけられた。故に、アジア諸国が日本軍によるレイプ天国だったなどということはありえない。第一にベトナム戦争の際にライダイハン（韓国兵がベトナム人女性を強姦してできた混血児）のような日本軍混血児事例は寡聞にも聞いたためしがない。第二次世界大戦を知る人が読めば、これは笑止千万な記述としか言いようがない。

更に、〝連合国の黄色人種の日本人に対する人種差別主義〟を詭弁で打ち消そうとしているが、論点のすり替えも甚だしい。広島G7（先進7カ国）サミットで、各国首脳が訪れた広島市の原爆資料館には、「ハイドパーク覚書」が展示されている。これには1944年9月18日、米ニューヨーク州ハイドパークで、フランクリン・ルーズベルト米大統領と、ウィンストン・チャーチル英首相の会談の内容が記されたもので、この覚書の中盤に重要な一文が記されている。注1

つまり、リッグ氏は「最初は原爆をドイツに落とすつもりだったから、日本人差別の非難は的外れだ」と指摘するが、「ハイドパーク覚書」を読めば最初から原爆投下のターゲットは日本人だったことがわかる。これを人種差別といわず、何と言えばいいのか？　しかも1943年5月、米国軍事政策委員会は「トラック島に集結する日本艦隊に原爆投下することが望ましい」などと、当初から投下目標は、原爆開発の競争相手と見なしていたドイツではなかったことは明白な事実だ。

又、ルーズベルトは空爆に関してもドイツには工業施設に限定したのに対し、日本へは無差別爆撃、原爆投下命令書も日本の18都市への命令書にサインしている。故に日本人への差別は史実だ。

ちなみにリッグ氏が謝辞で名をあげているコリン・ハートン氏は、『(大日本)帝国の上空』や第二次大戦におけるヒトラー政権下のドイツ空軍パイロットへの取材をまとめた『ドイツのエースが語る』といった本を英著で出している。『帝国の上空』の内容は『ジャパンズ・ホロコースト』並みだ。

新たに機密指定が解除された文書からの情報を盛り込みながら、高名な歴史家リチャード・B・フランクが、原爆投下までの重要な数カ月を丹念に解説する。

1945年夏、米国政府は、ダウンフォール作戦（日本本土上陸作戦）によって日本を

降服させるという従来の戦略が、日本軍の九州防衛体制が強力なため実行が困難になったことを知った。傍受された情報では日本政府は降服する意志がないことが明白であった。（略）フランクの包括的な記述は、この偉大な歴史論争の厳然たる現実によって、長年の神話を打ち壊す。

原爆投下を正当化させたい人達にとって、「原爆を投下しなくても日本は降服していた」というのは、不都合な真実だった。故にこの本の意図が透けて見えよう。

原爆投下を非難したタッカー・カールソン氏を血祭に上げる

一方で戦後80年近くの歳月が流れ、原爆に関するアメリカの世論にも変化のきざしが見られる。例えば２０２０年8月6日、ロサンゼルス・タイムズ紙は「１９４５年、原爆投下直後の世論調査では85％のアメリカ人がトルーマンの決断を正当化していたが、２０１8年の世論調査では、その割合は56％に低下した」という記事を掲載している。

記事に登場するシャーウィン教授は、かねてから「日本への原爆投下は不必要であった」との主張を展開しており、２００2年8月、広島の国際シンポジウムにおいて、〝第2次世界大戦が終わろうとしていた時期に日本に原爆を投下する必然性はなかった〟と断言している。

何故なら、原爆投下の本当の目的は、ソ連に原爆の威力を誇示し、戦後の冷戦構造の中でアメリカが優位に立つためのものだったという指摘だ。そもそもアメリカは、原爆を落とさずとも皇室維持さえ保証すれば日本が降伏する可能性が高いことを知っており、そうなる前に投下したのが真相だ。

2016年、映画プロデューサーのオリバー・ストーン氏とアメリカン大学歴史学教授のピーター・クズニック氏は「広島原爆は世界を変えたが、第二次大戦を終わらせはしなかった」と題する論説文を同紙に掲載し、終結させたのは原爆投下ではなくソ連の参戦だったと訴えた。（2020/8/16 現代ビジネス）

また直近ではタッカー・カールソン氏の原爆に関する発言、「私の『側』は過去80年間、民間人への核爆弾投下を擁護してきた。冗談でしょ？ もしあなたが、人々に核兵器を落とすのは良いことだと言い張るのなら、あなたは邪悪だ」（2024年4月20日[注2]）が物議を醸した。

カールソン氏は著名で影響力が高いだけに、原爆投下の正当化を温存させておきたい勢力は蜂の巣をつついたような騒ぎをおこし、カールソン氏に対して、かなりの圧力・批判を寄せた。一方で、米国を代表する女性保守派著名人キャンディス・オーウェンス氏がタッカー氏への異様なバッシングを「タッカー錯乱症候群」と名付け、タッカー氏支持を表明。オーウェンス氏は言う。

原爆があろうがなかろうが、日本軍はすでに崩壊寸前であった。ヘンリー・H・アーノルド米陸軍総司令官トルーマン大統領下の空軍に日本は今、最小限の〝面子〟を保って降伏する方法を模索していた。あんなひどいもので殴る必要はなかった。

『ジャパンズ・ホロコースト』は２０２４年3月に出されたものだが、何故著者が原爆投下の正当性に固執したかといえば、いくつかの要因が考えられる。

アメリカでは近年若い世代に、「原爆投下は必要なかった論」の比率が逆転しつつある。これが主流になると、人類にとっては福音だが、これから原爆を使いたい一部の勢力にとっては不都合なこととなる。

イスラエルの長年の天敵、世界地図から最も抹消したい国がイランだ。何故ならイランはイスラエル国家を認めておらず、ユダヤ人全員を地中海に叩き落すと公言している。実際に私もイランを訪ねたことがあるが、町の中には「イスラエルとアメリカを潰せ」と大きなスローガンのかかれたビルなどがあり、国内で販売されていた世界地図にはイスラエルという文字のかわりにパレスチナとかシオニスト・リジュームという表記になっていた。又、イランはイスラエルを攻撃するレバノンのヒズボラ、イエメンのフーシー派、ガザのハマスなどに資金提供をしていることから、イスラエルにとってイランの核開発阻止こそ国家存続のための喫緊の課題となっている。

そこで賢明なイスラエルの閣僚やアメリカのイスラエルシンパは核使用に関して、国際世論の反応をはかりはじめた。

２０２３年11月５日、イスラエルのアミハイ・エリヤフ エルサレム問題・遺産相は、イスラエルのメディアに対し、ガザへの人道支援を拒否し、「そうであれば、核爆弾を使うべきだと考えるか」と問われ「それは選択肢のひとつだ」と述べている。

次に物議を醸す発言をしたのは米国のウォルバーグ議員だ。「アメリカ議会下院・共和党のウォルバーグ議員は戦闘により人道危機が深刻化するガザについて、アメリカは、『人道支援に一銭も使うべきでない』とした上で、『長崎や広島のようであるべきだ。早く終わらせられる』」などと述べ、原爆の投下を促すような発言をしている。

この発言についてはＸ（旧ツイッター）への投稿で、核兵器の使用を示唆したわけではないと釈明。「冷戦時代に育った私にとって、何よりも支持できないのが核兵器の使用だ。短縮された映像の中で、私は比喩を使って、イスラエルとウクライナができるだけ早く戦争に勝利する必要があると伝えた。私の理屈は伝えられているのとは正反対だ。戦争が早く終わるほど、戦渦に巻き込まれる罪のない人々の命は減る」と強調している。（ＣＮＮ

この論理、賢明な読者ならどこかで聞き覚えのある詭弁だとお気付きのことと思う。
（2024／3／3）

核戦争の危険性についての現実論

実際に核戦争勃発の危険性について元陸上自衛隊陸将補で核の専門家である矢野義昭氏にコメントを求めた。

私は『ジャパンズ・ホロコースト』でリッグ氏が執拗に原爆投下の正当性を強調しているので、その魂胆は、業を煮やしたイスラエルがイランに核攻撃をしたときの口実、かつての日本への原爆投下がそうだったように、今度は悪魔化したイランに核を落として戦争を終結させたという世論形成を図っている可能性はないのか聞いてみたのだ。矢野氏は、

核投下を正当化しようとするプロパガンダの背景に、イスラエルのイランに対する核使用正当化の世論工作の面があるのではないかとのご指摘と思います。日本への原爆投下は本土決戦を回避し連合軍兵士百万人の命を救ったという正当化論が今でも米欧では教科書などで教えられています。日本がポツダム宣言を受諾した直接原因はソ連軍の参戦であり、御前会議では食料の不足も挙げられました。原爆が理由ではありません。

イスラエルの核使用については、ご指摘のように、閣僚の一人が選択肢と認め、ネゲブ砂漠のディモナ核生産施設の活動活発化が伝えられるなど、その兆候はあります。戦力の不足からイランは特にその核施設を通常戦力で制圧するのは困難で、核攻撃を選択肢にあげる軍事的合理性はあります。

しかし、地下の数十ヶ所にあると見られるイランの核関連施設を確実に制圧するのは、核攻撃でも困難です。報復される恐れがあり、国土が狭く人口も七百数十万人しかいないイスラエルは人口9000万人のイランよりはるかに核攻撃に脆弱です。

米国はロシアと中国が連携する限り核戦争に勝ち目はなく、イランの背後には中露がいます。だから、米国はイスラエルの核挑発は許しません。イランはイスラエルとミサイルの応酬をし、核施設近くの目標に数発の弾道ミサイルを弾着させました。イランの能力誇示により、イランの報復能力をイスラエルは認識し、核攻撃を諦めたと思います。

その後イスラエルは地上戦に重点を移し、ラファ攻撃やヒズボラ攻撃に重点を移しました。イスラエルは今後イランに対する核挑発は控え、中東の核戦争の脅威は遠のいたと思います。ただし、核拡散は進み、地上戦は激化します。ウクライナも、地上戦でも核戦力でも優勢なロシアがＮＡＴＯの核挑発に乗って核を使う必要性も可能性もありません。

今、原爆投下の正当性をプロパガンダしているのは、グローバリストやハルマゲドン待

望論者が核使用挑発に連携して行ってきた宣伝工作の名残でしょう。惰性で働いている為で、今後は勢いを失っていくと思います。

と的確な回答をくださった。

矢野氏が指摘するように『ジャパンズ・ホロコースト』的な論調も今後は勢いを失ってゆくことを願うばかりだ。

トランプ聖書はシオニストへの決裂宣言だった

近年、ドナルド・トランプ氏が発売を開始したという聖書、あれは１６００年代に翻訳されたピューリタン版古典聖書だ。アメリカに広く普及している「リビングバイブル」などと違い、いわゆるスコフィールド聖書で加わった「イスラエルに都合のいい、シオニズム解釈」が入っていないバージョンのもので、これは実に重要なニュースだ。日本では「トランプが聖書で金儲けを画策」などという浅薄な報道もされていたが、まったく的はずれだ。

聖書研究でも知られる佐藤優氏がトランプ聖書について興味深い解説をしている。

（トランプの選挙戦の）何がすごいかって言うと、聖書の訳文が普通トランプを支持して

る人等っていうのは現代語ですごい砕けた訳になってる、リビング・バイブルとかね、現代語の訳を使うわけ。ところがトランプのその聖書は1611年のキング・ジェームズ・バージョンなの。すなわちピルグリム・ファーザーズたちの聖書だからトランプはこう言ってるんだよね。

〝この国の原理は聖書から成り立ってできて、独立宣言をして、あの国旗の前での宣誓文を誓い、そしてトランプのテーマ曲であるゴッドブレスUSAの歌。これが合わさって私の選挙戦綱領だよ〟と。つまりトランプはいわゆるキリスト教右派を狙ってない。

この最後の「トランプはいわゆるキリスト教右派を狙ってない」という発言は、トランプの聖書販売及び選挙綱領が、福音派的キリスト教右派（キリスト教シオニズム）解釈を可能にする「スコフィールド解釈聖書」への静かなる決別と見ると、これはすごいことを意味しているのだ。

また、タッカー氏は原爆に関するインタビューの中で、「シオニズム・クリスチャン」についても初めて批判を行ったと騒ぎになった。彼はアメリカにおけるイスラエル支持の重要な柱の1つである「キリスト教シオニズムを標的にする」ことで、多くの人々を目覚めさせている。イスラエルはアメリカ合衆国の51番目の州ではないし、ユダヤ人はキリスト教徒と同じではないということを示唆したのだ。

そして米国旧来型保守は原爆投下の正当性を叫び、その正当性の裏付けに『ジャパンズ・ホロコースト』的な理論を用い、逆にタッカー・カールソン氏やキャンディス・オーウェンス氏などは米国の原爆投下を批判し、さらにはキリスト教シオニズムにも批判の目を向け始めている。

『ジャパンズ・ホロコースト』の著者とその仲間達の大半はグローバル・ユダヤ系、原爆投下を批判するタッカー氏らMAGA系言論人は、シオニズム批判を保守陣営から始めようとしている。

そして……彼らは戦争が大嫌いなトランプと非常に近しく、トランプは静かに古典聖書とピルグリム・ファーザーズ（英国国教会から追われて米国に渡った初代ピューリタン）の原点に戻ろうとしている。

『ジャパンズ・ホロコースト』と同様の原爆投下の正当化キャンペーンといった日本叩きは、ネオコン・シオニストに近い米国旧来型保守と、その偽善を批判するMAGA系保守との米国内でのぶつかり合いも含んでいるため、単なる日本叩きでは済まず、この先非常に緊迫したものともなることが予想される。

日本は米国内騒動にただ巻き込まれるのか、それとも上手にMAGA系の言論をも取り込み立ち回れるのか、日米共に歴史戦でも天下分け目の決戦かもしれない。

最後に大事なことがある。岸田首相は2023年9月に核軍縮の議論促進を支援するため、海外の研究機関・シンクタンクに30億円の拠出表明をした。日本は90年代から核軍縮を毎年国連で訴え続けているのだが、果たして世界は耳を傾けて核軍縮に向かったであろうか?

実際はその逆で日本を取り囲む中国、ロシア、北朝鮮は核を増産させている。30億円も世界にばら撒くのなら、核シェルターの設置やニュークリア―シェアリングもしくは核武装など、具体的な日本の安全保障に税金を使うべきだ。

その戦略の中に当然情報戦も含まれる。唯一の被爆国日本が核兵器の使用は戦争犯罪であることを繰り返し世界に訴え続けねば、再び核戦争をも辞さない勢力に「邪悪な悪魔の国との戦争を終結させるために核爆弾を使用する」などという口実を与えかねない。日本の責任は重い。

核拡散を防ぐための提言を矢野氏はこういう。

私が今後、核拡散が進むというのは、イランが核を持っているとみなされると、サウジ、トルコ、エジプトと玉突きで中東内で核保有を目指す地域大国が増えると予想されるからです。

ケネス・ウォルツは、核兵器は防御的兵器であり小国が持つべきだ、そうすれば国際秩

序は安定すると主張しました。それで、学界から干されたのですが、私は彼が正しいと思っており、拡散に賛成です。

ただし、国際管理は必要です。私の本『核抑止の理論と歴史　核の傘の信頼性を焦点に』の最後に結論として書いているのですが、最小限核抑止力を国際社会の今の非核国が共同管理をすれば、いかなる大国も小国を簡単には侵略できなくなり、国際秩序は安定します。核抑止論の国際的な研究機関を日本に設立し核抑止体制のあり方を研究すべきです。毎年のように国連で反核念仏を唱えるより、その方がよほど国際の平和と安定に貢献できます。唯一の被爆国として果たすべき使命です。

最後にアメリカの人々に伝えたい。いつの日かアメリカ国内で原爆投下は戦争犯罪だという世論が主流になろうとも日本は仇討ちもしないし、今後も謝罪や賠償金を求めない。何故ならそういった行為は天皇陛下の御心にそぐわないからだ。故に二度と人類が同じ悲劇を経験しないためにも核の使用は戦争犯罪だということを国際社会の共通認識にすることがものすごく大事だ。

注1：When a "bomb" is finally available, It might perhaps, after mature consideration, be used against

the Japanese, who should be warned that this bombardment will be repeated until they surrender.
（爆弾が最終的に使用可能になった時には、熟慮の後にだが、多分日本人に対して使用していいだろう。なお、日本人には、この爆撃は降伏するまで繰り返し行われる旨、警告しなければならない）

注2：Tucker Carlson

on the atomic bombs "My 'side' has spent the last 80 years defending the dropping of nuclear bombs on civilians..like, are you joking? If you find yourself arguing that it's a good thing to drop nuclear weapons on people, then you are evil." -Tucker Carlson

エピローグ

サイモン・ヴィーゼンタール・センターが大高未貴に抗議

この原稿の執筆が佳境に入ったころ、寝耳に水のニュースが飛び込んできた。知人が心配してこう言う。「ＳＷＣがあなたのこと名指しで抗議しているわよ、大丈夫？」

びっくりして知人から送られてきたＵＲＬを開くと以下の文章があった。

〔２０２４年６月25日　ハマスによるイスラエル人女性へのテロ攻撃に関する偽情報と否定が反イスラエル感情を煽る〕

国際ユダヤ人人権団体サイモン・ヴィーゼンタール・センターは、日本のソーシャルメディアに現れているハマスのテロリストによるイスラエル人女性の強姦を含む、10月７日のイスラエル人に対する残虐な攻撃の否定を日本政府に公に非難するよう求めた。

６月17日、ＳＷＣ副学部長兼グローバル社会活動アジェンダ担当ディレクターのアブラハム・クーパー師から駐米日本大使の山田茂雄氏に宛てた書簡の中で、クーパー師は、日本人ジャーナリストの大高未貴氏が、第二次世界大戦中のナチス・ホロコースト以来、1日としては最大のユダヤ人大量虐殺となった10月7日のハマスによるテロ攻撃を否定し、その代わりにユダヤ国家とその国民を悪者扱いしている最近のYouTube投稿に注意を喚起した。

クーパー師は日本大使に宛てた手紙の中でこう書いている。「山田大使、ソーシャルメディアが人々に影響を与える力を持っていることは誰もが知っています。大高氏の場合、彼女は日本の国会議員が書いた記事を掲載する出版物に定期的に寄稿するほどの影響力があるため、このジャーナリストの発言を事実として受け取る人もいるでしょう」

クーパー師はまた、「彼女は、アウシュビッツに保育所があったと主張し、ホロコースト否定論と10月7日の否定論を結びつける、有害でセンセーショナルなオンライン投稿に『いいね』を押した」とも指摘した。

目が点になって知人にどうやってこの抗議を知ったのか尋ねると、「イスラム思想研究者の某女史が6月29日に〝大高未貴氏の問題発言とユダヤ団体の抗議〟っていうタイトルでNoteに掲載していて、それが話題になっているの。ユーチューブ『越境3・0』の石田和靖氏と大高批判よ。SWCが抗議文を掲載してから4日後に記事を上げるなんて、彼女も仕事が早いわね」と言う。

ともあれ、SWCの抗議文には驚いた。クーパー氏へのインタビューは、第3章に掲載した通り一時間近くのもので、既に私に面識があるのだから、いきなり日本大使に書簡を送らずとも、私に抗議してくればいいものを、何とまあ大上段な構えだろう。しかも謙遜していうわけではないが、フリーランスの私の影響力など微々たるもんだ。

例えばNHKや地上波で発表したのならともかく、過激にイスラエル批判をしているユーチューバーは私以外にも多々いるのに何故私だけを名指ししてくるのか、首をかしげざるをえない。曲がりなりにもジャーナリストの端くれとして私なりにリサーチした上での発言なので、抗議があるなら私のどの発言が問題なのかと指摘でもしてもらえれば、双方で検証ができたのに実に残念だ。

戦時中だから双方が相手を貶めるための過剰なプロパガンダを行うのは、過去の紛争の事例をあげればきりがない。例えば1990年の湾岸戦争時、「イラク軍兵士がクウェートで保育器から新生児をとりだし死に至らしめている」と涙ながら語ったナイラという15歳の少女の証言は大きな反響を呼び、これが湾岸戦争の導火線の一つとなった。しかしのちにこの少女は当時クウェート駐米大使の娘であり、アメリカの広告代理店が立案したアメリカによる反イラク煽動キャンペーンの一環であったことが発覚している。

証言の信憑性を検証してもいけないのだとしたら、一体ジャーナリストは何をすればいいのか？　「テロ攻撃を否定し、その代わりにユダヤ国家とその国民を悪者扱い」という幼稚なレッテル貼りにも賛同できない。

これに関して産経新聞からコメントを求められたので、その時の記事を紹介したい。〈米ユダヤ団体、「ハマスのテロ否定」報道を非難するよう日本政府に求める　長崎市にも懸念〉という見出しで、「書簡は、昨年10月7日のハマスによるイスラエル襲撃をめぐり、ジャーナリストの大高未貴氏が『イスラエル人女性に対する性暴力などのテロを否定した』と批判している。動画投稿サイト『ユーチューブ』の番組で、パレスチナ側の取材をもとにハマス民兵はイスラム教の信仰心が強く、レイプ犯罪は考えにくいとの見方を示したり、イスラエル側の支援団体報告を『プロパガンダ』と呼んだりしたことを問題視した。（略）大高氏は産経新聞の取材に、同センターの指摘について『私は反ユダヤ主義者ではない。テロ攻撃は否定していない。イスラエル、パレスチナ双方の人命を尊重している。多角的な真相究明や検証は大事。指摘については自分できちんと検証し、後日発表するつもりだ』と主張した。外務省は、『政府としてハマスのテロ攻撃を非難し、発信している。個々の対応を論評する立場にはない』としている」（2024・7・9産経新聞）と報じられた。

10月7日のハマスによる集団強姦については、はやくからグレイゾーンのマックス・ブルメンタール氏がニューヨーク・タイムズの集団強姦に関する記事の偏向報道を暴くなど、その他独立系メディアからも疑義がたくさん寄せられており、私はそれらの記事をもとに国連調査報告やニューヨーク・タイムズの記事を細部にわたって検証し、ユーチューブで発言したまでだ。

ともあれ10月7日の真相については本題のテーマとはそれるし、紙面も足りないので別の機会に検証記事を書きたいと思っているが、そもそも何故私が、被害者女性の証言の信憑性にこだわったのかといえば、長年慰安婦証言の信憑性を追及してきたからだ。又、『ジャパンズ・ホロコースト』に引用されている証言が、どこからが本当でどこからがプロパガンダか、検証するのが仕事だからだ。

ちなみに私が「10・7ハマスのテロ」で捏造の疑惑をもった記事、「言葉なき叫び、10月7日、ハマスはいかにして性暴力を武器にしたか」では「テロリストの1人が彼女を強姦している間に、別のテロリストがカッターナイフを取り出し、彼女の胸を切り落とした」。

〔「1人は彼女をレイプし続け、もう1人は彼女の胸を他の誰かに投げ、2人はそれを弄び、投げると、胸は道路に落ちた」とサピアさんは語った〕（ニューヨーク・タイムズ20

23・12・28）といったセンセーショナルな証言で構成された記事だ。

中東のメディアは疑義を呈す

更に抗議文はこう続く。

クーパー師はまた、京都のホテルがイスラエル人観光客の予約をキャンセルしたことや、長崎市が8月9日の毎年恒例の平和記念式典にパレスチナ特使を招待する一方で、1945年に米国が長崎市に原爆を投下してから79年目にイスラエルを招待していないことなど、日本における最近の反ユダヤ主義の事例を挙げた。

長崎市の決定について、アブラハム・クーパー師は次のようにコメントした。「平和と理解を促進する式典の名の下に、長崎市長は、ユダヤ人を殺害し、負傷させたテロリストとその家族に金銭的な報酬を与えているパレスチナ自治政府を招待することを決定しました。一方、日本と日本国民の友人であるイスラエルは、イスラエルのコミュニティからわずか数キロの軍用トンネルの下で活動するテロリストを排除するために戦っています。テロリストを免罪し、反撃した被害者を責めるハマス支持の論調が日本で広まりつつあることを私たちは懸念しています」

クーパー師はさらにこう語った。「日本を頻繁に訪れる者として、私は日本国民と世界のユダヤ人コミュニティとの良好な関係を長い間高く評価してきました。サイモン・ヴィーゼンタール・センターは、日本政府が道徳的な声をあげ、10月7日の否定およびイスラエルを悪魔化することを非難し、イスラエルとイスラエル国民が、自国を破壊しようとするテロリストから身を守るという（罪とはいえない）罪状による差別的な措置を受けないようにすることを、謹んで要請します」（2024年6月25日）

京都のホテルのイスラエル人観光客予約キャンセルが本当なら、これに対しては私は反対だ。イスラエル人だからといって宿泊拒否をするのは差別と指摘されても仕方がない。長崎市の決定についても、イスラエルVSパレスチナ問題を、2023年10月7日から見る人、ハマスが選挙で圧勝した2006年から見る人、イスラエル建国の1948年から俯瞰する人とでは意見が異なって当然だ。

例えば戦勝国は1945年12月8日（日本時間）の真珠湾攻撃を日本の卑劣な先制攻撃と糾弾するが、日本には日本の言い分がある。長崎市長の決定は市長の見解であって、反ユダヤ主義の証ではなく、そこにクレームをつけるのは内政干渉でしかない。日本とユダヤの長年の友好関係を高く評価するのであれば、そういった上から目線の態度をあらため対等な立場からはじめるべきだ。

いずれにせよ、ＳＷＣの日本への抗議文は波紋を呼んだようで、中東のメディアは「ハマスによる強姦を否定した日本人ジャーナリストへのイスラエルの怒り」という記事を掲載し、ＳＷＣの抗議を紹介しつつ、最後に「ＡＰ通信も5月、ハマスによる攻撃で性暴力を行ったとの報道が捏造で、真実ではなかったことが判明したことを認めた」（２０２４年７月１日付　アルジャジーラ）と報じている。

クーパー氏と創価学会

公明党のＨＰを見ると、同党とＳＷＣのクーパー氏との蜜月ぶりがよくわかる。池田大作氏の訃報に追悼を寄せている世界各国の著名人の中にもクーパー氏の名がある。山口代表と面会し、「クーパー副所長は、公明党がヘイトスピーチ（憎悪表現）の解消推進法の成立に尽力したことを評価し、憎しみのない社会をつくる必要性を訴えた」（２０１８年6月29日付）などと誇らしげに掲載しているが、なんでヘイト法案成立をクーパー氏に評価していただかなくてはいけないのか理解に苦しむ。ヘイト法案は日本人差別法案だ。何故なら「ヘイトスピーチ解消法は〝本邦外出身者〟に対する〝不当な差別的言動は許されない〟」というもの。つまり日本人以外の在日外国人に適応されるもので、『ジャパンズ・

ホロコースト』もヘイト本とはならない。

一方でユダヤ人に対するヘイトはSWCのような全世界に目を光らせている組織があったり、今年は更にアメリカで反ユダヤ取り締まりが加速している。2023年10月7日、ハマスによるイスラエルへのテロ、それに対するイスラエルのガザへの度を超えた集団懲罰は、米国の大学の学生のみならず在米ユダヤ人の間ですら、過剰なイスラエルの軍事報復を国際法違反のジェノサイドという批判が高まっていた。そういった声を封印するため、2024年5月2日、反ユダヤ主義啓発法案が米下院を可決、この法案が成立すると米国内ではイスラエルに対する発言や抗議が禁止される見通しとなっている。日本でもハマスのテロが起こる10カ月前の、2023年1月26日、クーパー氏が「反ユダヤ」拡散防止をと呼びかけている。

「コロナによってSNSの負の影響力も増した。たとえばワクチンへの不安や政府のコロナ対策に不信感を抱く人々が、SNS上で拡散する陰謀論に傾倒するケースが挙げられる。ホロコースト（ユダヤ人大虐殺）を否定する反ユダヤ主義やヘイトスピーチ（憎悪表現）の横行もその例だ。（略）過激派が、匿名性を隠れみのにしてこれを利用しない手はない。適切に導いてくれる教師も親もいないネットの世界で過激主義や歴史修正主義の宣伝にさらされ続ければ、特に歴史の知識に乏しい未成年たちは、もっともらしく聞こえる

暴論の影響を受けやすい」（毎日新聞2023／1／26）

クーパー氏が意図する歴史修正主義とはおそらく日本の保守派が共有する、先の大戦に対する認識を指しているのであろう。程度や解釈の差こそあれ、太平洋戦争ではなく大東亜戦争史観を歴史修正主義というレッテル張りをして言論弾圧されるのはまっぴらごめんだ。ユダヤ問題に関しても、イスラエルのパレスチナに対する政策批判や検証までもが反ユダヤ主義との烙印を押されてしまうのならジャーナリズムの死を意味することに他ならない。

ちなみに国際司法裁判所（ＩＣＪ）は、イスラエルによるパレスチナ占領政策は国際法に違反しているという、画期的な勧告を出した。イスラエルのネタニヤフ首相は「嘘の判断」だと批判したが、ＩＣＪのナワフ・サラム裁判長は、〈「イスラエルがパレスチナ被占領地にとどまり続けることは違法」「占領によってパレスチナ人にもたらした被害については賠償するよう勧告した」（BBC2024年7月20日）〉。ＩＣＪの勧告によるパレスチナ人被害への検証が進めば、その賠償金は天文学的な数字になりやしないか……。

ある意味、リッグ氏に感謝

最初、『ジャパンズ・ホロコースト』を一読して、正直自分の手に負えないと思った。というのも私は戦史に詳しい歴史家ではなく、各章ごとの検証など力量の範疇を越えている。得意な分野といえば、沖縄集団自決軍命令の真相（リッグ氏が指摘したような軍命令では絶対にない。軍命令として歴史を書き換え、スポークスマンとして活躍したのは、戦後アメリカに留学して沖縄に戻った日本人の牧師だった）。興味ある方は拙著『強欲チャンプル　沖縄集団自決の真実』をご一読いただければ幸いだ。それと慰安婦問題くらいだ。

それにしても、あまりにも荒唐無稽な記述の引用が多く、「一体誰がこんな創作話を書いたんだ？　世界には吉田清治がいっぱいいだ」と一人ごちて引用元を調べてゆくと、英国貴族やらハリス＆ハリスだの知らない人物の名前ばかりで、それらを調べてゆくと何故かユダヤ人に行き着いたというわけだ。正直大ショックだった。

２０１３年にＳＷＣのクーパー氏を取材した時には、ナチスドイツと日本をセットにした戦後賠償問題絡みの歴史戦ということは薄々気がついていたものの、リバプールのラッセル卿著の反日プロパガンダ本『武士道の騎士達』が出版された１９５８年に始まり、２０２４年の『ジャパンズ・ホロコースト』に至るまで、長年にわたって日本を東京裁判史観でがんじがらめに呪縛する本が日本人の与り知らぬところでたくさん英語で出されていて、その集大成をリッグ氏がごていねいにまとめてくれたのだと思う。

故に日本人はこれを機に、この本を反日プロパガンダのテキストとして分析を深めることによって、東京裁判のラダ・ビノード・パール判事が日本人に遺してくださった「正義の女神」に邂逅する日を遠くない将来迎えることになるのではなかろうか？

「時が、熱狂と偏見を和らげたあかつきには、また理性が虚偽からその仮面を剝ぎ取ったあかつきには、その時こそ正義の女神はその秤を平衡に保ちながら過去の賞罰の多くにその所を変えることを要求するであろう」

私は単純なユダヤ陰謀論者ではない。多種多様のユダヤ人を一くくりにして論じるなど不可能だからだ。

というのも私の過去の著作『神々の戦争』や『国々の公』を読んでいただければわかると思うが、私はイスラエルが大好きだったし、現在も彼の地に住むイスラエル人とパレスチナ人ひっくるめて、あの独特の緊張感と生命力の強さとしたたかさを持ち合わせた人々が好きだ。

ユダヤ人は２０００年もの間、国を持てずに世界中に離散し、様々な苦難を乗り越えてきた。国を持てない悲劇を誰よりもわかっているはずだ。ならばパレスチナ人の悲劇や苦難にも思いをはせていただきたい。

1993年、イスラエルのラビン首相とPLOのアラファト議長がホワイトハウスで握手し、オスロ合意がなされた。私はその時にガザにいて、「もうすぐパレスチナ国家ができる！」ガザがお祭り騒ぎだったあの情景を忘れることができない。

国を持ちたくても持てない人々の悲劇と国産みの瞬間の高揚感というものの渦中に身をおいて様々なことを考えさせられた。

もちろんイスラエルの人たちの苦悩もほんの少しではあるが、垣間見させていただいたいている。ヘブライ大学のサマーコースでジャーナリズムを勉強した時、大学の寮で生活をした。その時、外国人留学生以外のイスラエルの学生は月に何度かは、セキュリティのため深夜のパトロールをするなど、18歳からの兵役義務含め外国人からは見えない苦労がたくさんあることを知った。自爆テロも頻繁に行われていた時期で、バスに乗るたびにまるでロシアンルーレットをやっているかのような緊張感を抱いていた。

同時に、パレスチナの悲劇も事実だ。もちろんパレスチナには、支援金で私腹を肥やしたPLOの幹部らもいて、腐敗もたくさんあった。でも市井の人々、特にフォトジャーナリストが足繁く通うような、ある意味パレスチナの悲劇のショウ・ウインドウみたいな難民キャンプの生活や、いきなり入植地拡大のためにブルドーザーで家を壊され、冷暖房も窓もないコンテナで暮らすパレスチナ人家族の生活などは、イスラエル人のスタンダードな生活とは比較にならない。

ある朝、早朝のフライトで帰国するため、ガザをまだ明け方の4時頃にエレッツ・チェックポイントというイスラエルとの国境を越えた時に見た光景も忘れられない。真っ暗闇の中、長蛇の列でトラックが並んでいるのだ。聞けばイスラエルへの日帰りの出稼ぎ労働者の列で、セキュリティチェックのために働きに行くだけで行き帰り2、3時間は車で待機せねばならない。これはガザにイスラエルの入植地があったときもそうだ。南北移動する際にも、入植地を通過するために昼間であろうが数時間は待たねばならない。

しかもその近辺は常に緊張が漂い、実際に私も南部の病院の救急車に便乗させてもらい北に向かおうと待機していたら、ちょっとした暴動が起こりそうになり、イスラエル兵が腰だめでこちらに銃口をむけて撃ってきたことがある。あの時ほど、防弾チョッキを着てくるべきだったと悔やんだことはない。

おそらく私が体験した緊張感などほんの序の口で、ことほど左様に占領下におけるパレスチナでの生活は過酷なものだ。ましてやハマスが2006年に政権を握ってから18年間もガザという天井のない世界一巨大な監獄に閉じ込められていた人々の悲劇は、アパルトヘイトと呼ばれても致し方ない。「ハマスのテロを肯定できないが、何があそこまでのテロを決行させたのか、そこから目を背けてガザを攻撃したところで更に次世代のモンスターを産むだけだ」とパレスチナのワリード・シアム駐日大使は言う。

ガザから親戚や同胞がいるヨルダン川西岸ですらいけない生活。片やイスラエルの人たちは2重3重国籍だ。テルアビブなどに住む裕福なユダヤ人は、1年の半分近くをニューヨークやロサンゼルスなどで暮らす人も多いと言われている。10月7日のテロ事件後、流れたニュースも象徴的だ。

〔ハマス人質の半数超が外国籍保有者、中には二重国籍ではないタイ人54人も＝イスラエル政府〕

イスラエル政府は25日、パレスチナ自治区ガザを実効支配するイスラム組織ハマスに拘束されたとみられる約220人の人質の半数以上が外国籍保有者だと発表した。その大半はイスラエル国籍も保有する二重国籍者とみられるが、そうではないタイ人54人も含まれるという。

人質のうち138人が25カ国の外国パスポートを持っており、アルゼンチン人15人、ドイツ人12人、米国人12人、フランス人6人、ロシア人6人が含まれるが、多くはイスラエル国籍も持っているとみられるとした（ニューズウィーク2023年10月26日）

こういう現状をみると、日本人のように多重国籍を認められない私から見れば、不安を覚えるのだ。たとえ戦争が起きようとも、他国のパスポートがあれば戦渦に巻き込まれずに外国で生きてゆける、それって安易に戦争を誘発しやしないか？　と。

あるイスラエルの友人は「在米ユダヤ人は嫌いだ。あいつら金だけ送っていざというときのために祖国を確保しておきながら、兵役には絶対に参加しないし、たまに来ても治安が悪化するとすぐにアメリカに帰ってしまう。結局はこの国を護るのは俺たちで中年になっても予備役で呼び出され、もううんざりだ」とぼやいた。

現に、ウクライナの俳優だったゼレンスキー氏を大統領に仕立て上げたウクライナの新興財閥のイーホル・コロモイスキーは、イスラエル、ウクライナ、キプロスの三重国籍保持者でウクライナ戦争の最中、イスラエルに逃亡していたという噂もある。こういったファジーな国籍が、二重国籍を持てない国の人からみれば、不気味なグローバリストとして見えてしまうのだ。

私がジャーナリストを志したころ、家に飾っていた大好きな写真があった。イスラエルの若い兵士がパレスチナの足が悪いおじいさんの手をひいて歩いている写真だ。彼の地へ行けば、対立と憎悪だけでは何も生み出さないと、共存を模索する人たちもたくさんいる。ところがいざ戦時体制となると、そういった人たちの声はかき消され、絶望しか見えないような悲劇の報道が続いてしまう。その報道を見て、イスラエル、パレスチナ双方に幼い頃から憎しみの感情が植えつけられ、終わりなき闘いが続く。何という悲劇だろう。

封印された歴史。旧日本軍が救ったユダヤ人たち

歴史を振り返れば日本はユダヤ人など迫害していないどころか、むしろ日独防共協定に背いてまでユダヤ人救出に力を注いできた国だ。

ユダヤ教、キリスト教、イスラム教の聖地として知られるイスラエルの聖地エルサレム。ここにイスラエル建国に貢献した人々の名前が記されたゴールデンブックという分厚く荘厳な本がある。イスラエルは１９４８年に現在、パレスチナと呼ばれている地に建国された。

ナチスドイツの迫害から逃れたユダヤ人が『約束の地カナン』を根拠に建国宣言をしたのだ。そこから現在のイスラエルVSパレスチナ問題が始まるのだが、ここではユダヤ人迫害の歴史に終止符を打とうとした第二次世界大戦における日本軍の活躍に光をあてたい。

前述したゴールデンブックにはキリスト教幕屋創設者の手島郁郎氏他、３名の日本軍人の名前が記されている。

代表的なのは日独伊三国同盟の時代に、満洲に逃れてきた数多のユダヤ人難民の命を救った陸軍中将・樋口季一郎氏。樋口中将は、その部下である陸軍大佐・安江仙弘氏ととも

にその功績が称えられている。ナチスドイツの迫害から逃れシベリア鉄道にのって満洲国国境のオトポール駅で立ち往生していたユダヤ難民たちに満洲入国のゲートを開いたのだ。２０００年前にユダヤ王国が分裂、崩壊しユダヤ人は約２０００年間にわたって世界に離散。祖国を持たぬ流浪の民の数奇な運命を少しでも安堵の世界に導くかのような樋口中将の演説は、はるばる満洲まで逃避してきたユダヤ人たちの心を奮い立たせ、スタンディングオベーションがいつまでも鳴りやまなかったという。その演説を紹介したい。

「ユダヤ諸君はお気の毒にも世界のいずれの場所においても祖国なる土を持たぬ。いかに無能なる少数民族も、民族たる限り何ほどかの土地を持っている。ユダヤ人は科学芸術産業の分野において、他のいかなる民族と比べても劣ることなき、才能と天分を持っていることは歴史が証明している。しかるに文明の香り高かるべき20世紀の今日、世界の一部においてキシネフのポグロムが行われ、ユダヤに対する追及又は追放を見つつあることは人道主義の名において、また人類の１人として私は心底。悲しむものである。ユダヤの追放の前に彼らに土地、すなわち祖国を与えよ」（１９３８年　第１回極東ユダヤ人大会がハルビン商工クラブで開催　樋口季一郎演説）。

東條氏についてはユダヤ人のラビ、マーヴィン・トケイヤー氏が、

「そのユダヤ人難民救済の指揮を執っていたのが、当時関東軍参謀長・東條英機（後の首

相・陸軍大将）だった。ドイツ外務省が日本政府に対して、大量のユダヤ人難民を満洲国へ入れたことに対して、強硬な抗議を行った。この抗議は、東京から新京の関東軍司令部へ、すぐに伝えられた。すると、東條参謀長は難民を受け入れたのは、『当然なる人道上の配慮によって行ったものだ』として、一蹴した。この時、東條参謀長が樋口に許可を与えなかったとすれば、ユダヤ人難民が救われることはなかった」（『ユダヤ製国家日本：日本・ユダヤ封印の近現代史』）と述べている。この理論でいけば、いつの日かゴールデンブックに東條英機氏の名前が載ってもおかしくはない。

又、『シンドラーのリスト』で有名な、ナチスドイツの迫害から逃れた数多くのユダヤ人にビザを発行しておよそ6000名もの命を救った在リトアニア日本大使館の外交官・杉原千畝は、その功績によって戦後イスラエル政府から「諸国民の中の正義の人」として表彰（1985年）され、イスラエルには彼の顕彰碑も建立されている。実は杉原千畝氏は外交官だけではなく封印された経歴を持っていた。

彼は1920年（大正9年）から1922年3月までに当時朝鮮にあった陸軍歩兵第79連隊に志願入営しており階級は「陸軍少尉」だったのだ。この重大な発見をしたのがジャーナリストの井上和彦氏で、井上氏はリトアニア共和国カウナスにある「第9要塞博物館」に展示されていた際に、杉原氏の軍服姿の写真を発見していたのだ。

杉原千畝(中央):写真提供・井上和彦氏

つまり、ユダヤ難民を救出したのはこういった旧日本軍の兵士達だったのだ。

ところがこういった史実を封印するかのように、日本の国策に反して命のビザを発給し続けた外交官・杉原千畝というイメージが一般大衆に刷り込まれた。

何故、杉原の軍歴は隠されてきたのか？ 何故、関東軍のユダヤ人救出劇は映画化されなかったのか？ 旧日本軍が人道的支援者であったということは、戦後賠償を画策する一部のユダヤ人活動家らにとって不都合な真実だったからではなかろうか？

そんな仮説を立てて調べてゆくと、筑波大学名誉教授の竹本忠雄氏が『南京大虐殺の告発者よ　検証責任はとれるのか』と題し、活動家による杉原千畝の政治利用を糾弾する論文を見つけた。竹本氏は２０００年に発足した〝杉原千畝生誕百年記念事業委員会〟のメンバーに、杉原幸子夫人、ＳＷＣのクーパー氏、創価学会と国連の明石康の名があったことを指摘し、案の定主意書には「当時の本国政府の意向に反して自らの判断で通過ビザを発給し……」とあり、連携して中国の南京大虐殺記念館で「アウシュビッツ・南京」絵画展が催されていたという。

この「日本政府に背いて」というのは「日独同罪論を恫喝の根拠に据えてきた内外勢力からすれば、むしろ当然の戦法と言っていい。（略）アウシュビッツ＝南京の呪文をとなえることで日本永久断罪の幻術をはたらかせてきた以上は……。〝南京カード〟を失わないためには、したがって『杉原カード』を使い、これに別の色付けをすればいい。反権力の英雄という色付けで、それがどんな色かはこの一年来（アイリス・チャンの『レイプ・オブ・南京』が出てから2年後）いかなる陣営の手で染められてきたかを見れば自明であろう」「杉原千畝を今風の〝人権〟の守護神に仕立てたいなら、南京ではなくチベットでやれ」とニベもない。

竹本氏がこの原稿を発表した時期は『再審　南京大虐殺』という南京プロパガンダを検証した英語本を出したばかりで、執筆にあたり元在日米軍将校や米国人教授らも翻訳に協力してくれたと言う。彼らもテキストを一読するや、「アイリス・チャンがどんなにデタラメかわかりました。アメリカの同胞も、これを読めばきっと意見が変わるでしょう……」という手紙をもらったりして、「背信者はどっちか、世界は遠からずそれを見るであろう……」と冒頭で希望的観測を述べている（２０００年『正論』12月号）。

ユダヤ人を救出した日本軍の功績を今更否定するユダヤ人の教授

こういった美談で終わりたかったが、『ジャパンズ・ホロコースト』に連動する大事な話なので、耳に痛い話だが読者には現在進行形で展開している歴史戦の真実を伝えておく。２０２２年12月、東京のＦＣＣＪ（日本外国特派員協会）で２人のユダヤ人の教授が「日本の歴史修正主義者は、樋口季一郎中将を戦時難民を救った英雄と称しているが、彼らの根拠のない説明は、ユダヤ人の苦しみを故意に悪用している」と題する記者会見を行っている。

ＦＣＣＪには多くの外国人特派員も在籍し、中には悪意を持ってプロパガンダの場所として活用している輩もいる。２人の教授の主張を要約すると、満洲でユダヤ人を救出し、ソ連の侵攻を迎え撃って北方の守りを固めた樋口季一郎中将の功績を頭ごなしに否定する会見だった。

樋口氏がユダヤ人を救出した満洲は日本の傀儡国家だったという導入からはじまり、確かに、この救出と慈悲のエピソードは感動的で、たとえ死後であっても、多大な栄誉に値すると思われる。しかし残念なことに、この話には多くの欠落があり、信頼性に欠け、樋口の英雄的行為は疑わしいものとなっている。（略）

皮肉なことに、歴史修正主義者はますますユダヤ人を巻き込むようになってきている。現在の国家主義者たちは、ナチスドイツとは異なり、日本はユダヤ人と友好関係を築き、彼らを救おうと努めたと主張する。しかし、歴史的現実はまったく異なる。ユダヤ人の資金と影響力を暫定的に利用した人道支援のいくつかのエピソードを除けば、戦時中の日本は、支配地域で生き延びようとしたり避難所を見つけようとしたりしているユダヤ人に援助を差し伸べなかった。むしろその逆だった。日本はこれらのユダヤ人を絶滅させなかったが、一部のユダヤ人の通行を妨害し、他のユダヤ人を追放し、最終的には戦争の最後の2年間に、ユダヤ人であるという理由だけで彼らの大多数を勾留した。（略）

外交評論家の加瀬英明氏は、日本の近代史学の改訂運動の先駆者の一人だった。史実を広める会の会長として、また同様の歴史修正主義団体のメンバーとして、大東亜戦争と太平洋戦争で日本帝国を悪者とするイメージを変えるためにたゆまぬ努力を続けた。（略）

彼が崇拝していたのは、日本の戦時首相で、東京裁判で有罪判決を受けた日本指導部の中心人物である東條英機（1884―1948）だった。（略）死の直前のインタビューで加瀬は、最終的な決定を下したのは東條だったと主張した。「樋口が主導権を握りましたが、東條が承認しました」（略）

東條はともかく、樋口が有名になったことの問題は、単に情報源が不十分だったり、数字が誇張されていたりするだけではなく、ユダヤ人の苦しみを故意に悪用したことにある。この故将軍を称賛する多くの人々にとって、彼を崇拝することは、戦時中の日本から激しい侵略と植民地主義の遺産を一掃することに等しい。この意味で、樋口が最近英雄として登場したことは、現代日本について多くを語っている。安倍晋三の8年間の在任期間中に超国家主義が台頭し、それが主流になったことが、この物語の成功の一因かもしれない。（FCCJ注1）

記者会見を開いたのは、カナダのヨーク大学の歴史学者で東アジア専門のジョシュア・フォーゲル教授だ。彼は京都大学、関西大学、ヘブライ大学などで客員教授を務め、フルブライト、日本文部省、蔣経国財団、全米人文科学基金、アメリカ学術協会、国際交流基金、SSHRCなど、さまざまな団体から助成金を受けている。蔣経国財団はさもありなんだが、何故こんな反日教授に日本の文部省が助成金を出しているのか理解に苦しむ。

そしてもう一人のキーパーソンは、イスラエルのハイファ大学の歴史学者で、日本研究家のロテム・カウナー教授だ。彼は筑波大学で博士号を取得後、スタンフォード大学東アジア研究センターとヘブライ大学で博士研究員として研究を続け、教授となった。近年の主な研究は日本における人種差別だそうで、〝日本の植民地における人種差別政策の実施は、近代日本の歴史において最も重大かつ痛ましい問題の一つである〟などと主張している。

そのカウナー教授は、樋口中将を貶めるのに飽き足らず、杉原千畝氏に関してまで、アジアの代表的な国際新聞の「日本のシンドラー、第二次世界大戦で救ったユダヤ人は日本の主張より少なかった可能性」と題する記事にコメントを寄せている。

日本のシンドラーとして知られる外交官の杉原千畝は、ナチスから何千人ものユダヤ人を救ったとして、日本では英雄視されている。しかし、学者によれば、彼の活動は、イスラエルや米国内のユダヤ人の利益を得るために誇張されたものだという。（略）

この日本政府の宣伝は、南京大虐殺、従軍慰安婦、強制労働、連合軍捕虜に対する広範な虐待の加害者として非難された軍国主義国家であったことから物語をシフトさせるためという。ハイファ大学のロテム・カウナー教授が3月に『アメリカン・ヒストリカル・レビュー』誌に発表した論文によれば、

杉原氏は日本では国民的英雄となり、他の多くの国々では美徳の模範とされているが、

ヒロイズムは日本の動機のために「操作」されてきたという。（略）動機の一つとして考えられるのは、日本はユダヤ人がメディア、特にアメリカにおいて影響力があると信じていた。これは安倍晋三首相の下で起こっていたことであり、この動きの背後には明確な政治的思惑があった、と語った。ホロコースト教育センターの吉田明生神父は、杉原の行動について無批判に語られるようになった物語の要素が完全に辻褄が合っていないことを認めている[注2]（香港サウスチャイナモーニングポスト2023年8月19日付）。

２名の教授の言説は、恩を仇で返すところが非常に悪質な歴史の歪曲に他ならない。これらの報道によれば、まるで安倍政権発足後、日本側が一方的に樋口季一郎氏や杉原千畝氏の功績を政治利用しているように読めるが果たしてそうか。

杉原千畝氏について述べれば、１９８４年にイスラエルのホロコースト記念館「ヤド・ベシェム」が「諸国民の中の正義の人」と認定し、１９８５年にはエルサレムの丘に顕彰碑を建立、２０１６年にはイスラエルの都市ネタニヤに「杉原千畝通り」が生まれているではないか。また、樋口季一郎氏においては、２０１８年にはイスラエル・テルアビブにおいて通称「ヒグチロード」で逃れたダニエル・フリードマン氏と樋口季一郎氏の孫で明治学院大学名誉教授の樋口隆一氏が面談、固い握手を交わした写真が報道されている。これが、イスラエルの協力・賛同も無しに安倍政権下において、日本が一方的に政治利用のために行ったというのか。

このような言説は日本を貶めるだけではなく、ユダヤ人救済の功を忘れないイスラエル・ユダヤ人の真心をも否定・矮小化するものではないのか。

最後に陸軍きってのユダヤ研究の第一人者である安江仙弘大佐の言葉を紹介したい。

ユダヤ人は自ら神の選民と唱えているが、我々日本人は隈なく全世界を照らすべき唯一無二の神の子孫であることを、決して忘れてはならない。ユダヤ民族にいかなる企図、策謀があろうとも、又いかに世界の黄金を把持掌握しようとも、又更にかつて欧州の諸帝国を呪いし如く、たとえ我が帝国を呪詛し、不逞の行動に及ぼうとも、日本人が之が為め、動揺してはならないし、又、我が帝国が微動だにするものでもない。

結局ユダヤ民族は大和民族が天業を恢弘し、以て六合を兼ね八荒を併せ、彼らがその皇澤に光被せらるる場合に於いてのみ、眞に平和を案ずるを得るものと、私は固く信ずるのである。（『ユダヤの人々』安江仙弘）

天業を恢弘とは神武天皇の御東征をあらわし、幾多の困難をも乗り越え、天ツ神《あま》の御子としての強い御信仰心と、皇祖から受け継いだ大事業を大いに広めようという決意のもと、大事業を達成したことを指す。六合《りくごう》とは東西南北上下といった宇宙観を指し、八荒とは八紘一宇、つまり邪悪な覇権主義ではなく、天意によって世界を慈愛に満ちた一つの家族のような世界を作るという意味であろう。

> 皇祖天照大御神は、三種の神器をもつて、経国の大方針を示され、これをわが皇道の神《しん》護《ご》とし給ふた。いふ迄もなく、鏡は公明正大を、勾玉は仁慈博愛を、剣は勇武断行を表明し意味する。神武天皇は、この神慮を継承し給ひ、天業を恢弘《くわいこう》さるべく、皇師を起して、普《あま》ねくまつろはぬものどもを親征あらせられた。この皇師の勲業《くんげふ》こそ、公明正大、仁愛の限りなき皇徳を、武勇によつて実現せられたもので、わが皇軍の淵源こゝに存するのである。
>
> かくて神武天皇は、肇国《てうこく》の鴻業《こうげふ》を果させられ、大和の橿原《かしはら》に皇都を奠《さだ》められ、天神を祀られ、敬神崇祖の大孝を申《の》べさせられ、六合《りくがふ》を兼ね、八紘を掩ふといふ詔を渙発《くわんぱつ》せられたのであるが、この六合を兼ね、八紘を掩ふといふ大理想は、神武天皇が天照大神以来の天業の大精神を祖述《そじゆつ》せられたもので、実にわが建国の一大宣言と拝察する。（小島徳彌『解説國體の本義』、創造社、昭和15年）

リッグ氏とその仲間たちが不当に貶めてきた皇軍であるにも関わらず、心を鎮めて『ジャパンズ・ホロコースト』を読めば、〝虚〟という文字が浮かび上がる。そして皇軍の淵源は決して暗闇ではなくあまねく世界を照らす光で満たされていることに気付かされる。

私には生まれた時から祖国・日本という国があり、国があって当たり前の感覚で生きてきた。しかし、ふと過去を振り返れば日本だって大東亜戦争のみならず国家存亡の危機には我々の先人たちが身を挺して日本を護ってくれていたということに、あらためて気づかされたのだ。その先人たちが、あまりにも荒唐無稽なプロパガンダで、しかも英語の本で好き放題貶められていることにどうしても我慢ならず、『ジャパンズ・ホロコースト』を解体させていただいた次第だ。ただしこれは解体第一歩に過ぎず、私より優秀な日本人はごまんといるので、今後の研究に期待したい。

最後に、丁寧に英訳のチェックをしてくださった細谷清氏、貴重な歴史資料をたくさん提供してくださった和中光次氏、取材に応じてくださった安全保障の専門家・矢野義昭氏と井上和彦氏、南京事件の専門家である松尾一郎氏と阿羅健一氏、歴史家・落合莞爾氏、ニュルンベルグ裁判とホロコースト研究家の加藤継志氏、著述家ライスフェルド真実氏、本依居益氏、そして懇切丁寧に本を仕上げてくださったビジネス社の中澤直樹氏に感謝の気持ちを伝えたい。

注１：https://www.fccj.or.jp/number-1-shimbun-article/questionable-heroism
注２：この杉原氏に関する報道は、「『日本のシンドラー』杉原千畝の功績に〝疑問〟を呈する海外メディアに、日本人がもっと反論すべき理由」と題する大野裕氏のメルマガから引用させていただいた。

要するに、ゴールデンブックに記載されている樋口中将と安江大佐の延長線上に東條英樹がいるので、何が何でも日本軍によるユダヤ人救出の歴史は、一部の反日ユダヤ人にとって消し去りたい過去なのだ。更に、『シンドラーのリスト』などとハリウッド映画まで作って礼賛してきた杉原氏まで無理やり貶めたのは、ちょうど２０２２年に井上和彦氏がリトアニアで杉原氏の軍歴を発見し、それを虎ノ門ニュースなどで報道したことに対するカウンターパンチとしか思えない。

【著者略歴】

大高未貴（おおたか・みき）

ジャーナリスト。1969年生まれ。フェリス女学院大学卒業。世界100カ国以上を訪問。チベットのダライラマ14世、台湾の李登輝元総統、世界ウイグル会議総裁ラビア・カーディル女史、パレスチナガザ地区ではPLOの故アラファト議長、サウジアラビアのスルタン・ビン・サルマン王子などにインタビューする。またアフガン問題ではタリバン全盛の98年にカブール単独潜入し、西側諸国ではじめてアフガン崩壊の予兆を報道。
『日本をウクライナにさせない』『習近平のジェノサイド 捏造メディアが報じない真実』『日本を貶める「反日謝罪男と捏造メディア」の正体』（以上、WAC）、『ISIS残虐支配の真実』（双葉社）、『冒険女王』（幻冬舎文庫）など著書多数。
真相深入り！虎ノ門ニュース、日本の惨状、日本文化チャンネル桜などに出演。

『ジャパンズ・ホロコースト』解体新書

2024年8月31日　第1刷発行
2024年10月1日　第2刷発行

著　者　大高未貴
発行者　唐津 隆
発行所　株式会社ビジネス社
〒162-0805　東京都新宿区矢来町114番地 神楽坂高橋ビル5F
電話　03（5227）1602　FAX　03（5227）1603
https://www.business-sha.co.jp

〈装幀〉大谷昌稔
〈本文組版〉有限会社メディアネット
〈印刷・製本〉三松堂印刷株式会社
〈営業担当〉山口健志
〈編集担当〉中澤直樹

ISBN978-4-8284-2655-6

ビジネス社の本

定価　2090円（税込）
ISBN978-4-8284-2608-2

日本人が知らない！世界史の原理

異色の予備校講師が、タブーなしに語り合う

茂木 誠／宇山卓栄……著

ユダヤとパレスチナ、ロシアとウクライナ、反日の起源、中国共産党、ケルトとアイヌ、アメリカという病……

現代の「闇」を、通史で解説！

ベストセラー著者による決定版